271 野菜ヘルシーおかず

おくぞの流 激早簡単

奥薗壽子 Toshiko Okuzono

CONTENTS 目次

●は3分以内にできる料理です。

PART 1 おくぞの流 野菜料理208品！……7

[いんげん]
- ●いんげんのおひたし……8
- ●いんげんのじゃこ炒め……8
- いんげんのバター煮……8

[枝豆] 9
- ●枝豆の塩ゆで……9
- 枝豆のしょうゆ煮……9
- 枝豆の落とし焼き……9
- 枝豆のオリーブオイルマリネ……10
- ●枝豆ご飯……10
- 枝豆のにんにく炒め……10

[オクラ] 11
- ●オクラとろろ……11
- オクラのみそ漬け……11
- オクラの煮びたし……11

[かぶ] 12
- ●かぶの水キムチ……12
- かぶと豚ばら肉の塩炒め……12
- かぶのみぞれがゆ……12
- かぶの葉のじゃこ炒め……13
- ●かぶのディップ……13
- ●かぶの即席千枚漬け……13
- かぶと油揚げの煮物……13

[カリフラワー] 14
- ●カリフラワーのカレーピクルス……14
- ●カリフラワーそのままサラダ……14
- カリフラワーのくたくたスープ……14

[絹さや] 15
- ●絹さやのおかかあえ……15
- ●絹さやの塩炒め……15
- 絹さやと卵の炒め物……15
- ●絹さやのペペロンチーノ……16
- 絹さやの粉チーズ炒め……16
- 絹さやと牛肉のオイスターソース炒め……16

[キャベツ] 17
- ●お好みキャベツ……17
- 巣ごもり卵……17
- キャベツのチーズ炒め……17
- ●キャベツのカレー炒め……18
- キャベツとベーコンのミルクスープ……18
- キャベツのミートソース煮……18

[きゅうり] 19
- ●きゅうりのからし漬け……19
- きゅうりのエスニック漬け……19
- ●きゅうりとうなぎのおすし……19

[グリーンアスパラガス] 20
- グリーンアスパラガスのごまあえ……20
- ●グリーンアスパラガスのこしょう炒め……20
- グリーンアスパラガスのマヨネーズ焼き……20
- グリーンアスパラガスのグラタン……21
- グリーンアスパラガスとえびの炒め物……21
- グリーンアスパラガスと豚肉のオイスターソース炒め……21

[ごぼう] 22
- ごぼうのごまごまがらめ……22
- ●ごぼうのみそ漬け……22
- ごぼうのベーコンきんぴら……22
- ごぼうと牛肉のみそ煮……23
- ●ごぼう汁……23
- ごぼうの炊き込みご飯……23

[小松菜] 24
- 小松菜のごまあえ……24
- 小松菜とちくわのからしあえ……24
- 小松菜のエスニック炒め……24
- 小松菜と豚ひき肉の炒め物……25
- ●小松菜丼……25
- 小松菜とじゃこの炒め物……25

[さつまいも] 26
- ●蒸しさつまいも……26

[さつまいも]
- さつまいものごまみそだれ……26
- さつまいもとじゃこの炒め物……26
- さつまいもご飯……27
- さつまいもたっぷりの豚汁……27
- さつまいもと油揚げの煮びたし……27

[ししとう]
- ししとうのキムチ……28
- ししとう佃煮風……28
- ししとうの塩焼き……28
- ししとうの焼き鳥……29
- ししとうのパン粉焼き……29
- ししとうと豚肉のしょうが炒め……29

[じゃがいも]
- ポテトオムレツ……30
- マカロニポテトサラダ……30
- じゃがいものカレーあんかけ……30
- 蒸しじゃがたらサラダ……31
- ピリ辛みそじゃが……31
- じゃがいものミルク煮……31
- 薄切りじゃがいものピザ風……31

[ズッキーニ]
- ズッキーニのおひたし……32
- ズッキーニのチーズ焼き……32
- ズッキーニのトマト煮……32

[スナップえんどう]
- スナップえんどうのさっと炒め……33
- スナップえんどうのマヨネーズサラダ……33
- スナップえんどうと豚肉の炒め物……33

[セロリ]
- セロリのおかかあえ……34
- セロリの昆布漬け……34
- セロリの葉のじゃこ炒め……34
- セロリのスープ……35
- セロリの焼きそば……35
- セロリとソーセージのトマト煮……35

[そら豆]
- そら豆のおろしあえ……36
- そら豆の塩ゆで……36
- そら豆の甘辛煮……36
- そら豆のピリ辛炒め……37
- そら豆のにんにくしそ炒め……37
- そら豆のスクランブルエッグ……37

[大根]
- 大根と油揚げのパリパリサラダ……38
- 大根としそのマヨネーズサラダ……38
- 大根とじゃこの塩炒め……38
- 大根の漬物……39
- 大根のカクテキ……39
- 大根と厚揚げの煮物……39

[たけのこ]
- たけのこ鶏肉だんごの甘辛煮……40
- たけのこのさっと炒め……40
- たけのこの土佐煮……40
- たけのこのバター炒め……41
- たけのこと鶏肉の中華風炊き込みご飯……41
- たけのこと鶏肉のおかず風若竹汁……41

[玉ねぎ]
- 玉ネギのホイル焼き……42
- 玉ねぎのステーキ……42
- 玉ねぎと鶏ひき肉のピカタ……42
- オニオンスライスサラダ……43
- 玉ねぎと豚ばら肉の甘辛煮……43
- 玉ねぎカレー丼……43

[チンゲンサイ]
- チンゲンサイと油揚げの煮物……44
- チンゲンサイと肉団子のスープ……44
- チンゲンサイとベーコンのクリーム煮……44
- チンゲンサイのおひたし……45
- チンゲンサイのシンプル炒め……45
- チンゲンサイのエスニック炒め……45
- チンゲンサイと豚ばら肉の炒め物……45

[長いも]
- 長いもとりんごのサラダ……46
- 長いものバターソテー……46
- 長いものネバネバサラダ……46
- 長いものチーズ焼き……47
- 長いものチヂミ風……47
- 長いもの八杯汁……47

● は3分以内にできる料理です。

[長ねぎ] 48
- 長ねぎのグラタン……48
- 長ねぎギョーザ……48
- 長ねぎと豚肉のクタクタ煮……48
- 長ねぎと油揚げの焼きびたし……49
- チキンソテーのねぎソース……49
- ● 長ねぎのお好み焼き風……49

[なす] 50
- なすの丸蒸し……50
- なすのしそ炒め……50
- ● なすのみそ炒め……50
- ソース焼きなす……51
- なすの韓国風田楽……51
- なすのミートソース煮……51

[菜の花] 52
- 菜の花のからしあえ……52
- 菜の花と油揚げのおひたし……52
- 菜の花の塩漬け……52
- ● 菜の花のベーコン炒め……52

[にがうり] 53
- にがうりチップス……53
- ● にがうりのおひたし……53
- ● にがうりのみそ炒め……53

[にんじん] 54
- にんじんの塩漬け……54
- 焼きにんじん……54
- にんじんの粉チーズ焼き……54
- ● にんじんご飯……55
- にんじんとじゃこのレモンサラダ……55
- ● にんじんのザーサイあえ……55

[ピーマン] 56
- ● ピーマンのとろろあえ……56
- ゆでピーマンの煮びたし……56
- ピーマンのマリネ……56
- ピーマンのナムル……57
- ● ピーマンのツナ詰め焼き……57
- ピーマンと牛肉の炒め煮……57

[ブロッコリー] 58
- ● ブロッコリーのわさびじょうゆ……58
- ブロッコリーのごまあえ……58
- ブロッコリーの明太マヨネーズかけ……58
- ブロッコリーの即席リゾット……59
- ブロッコリーと鶏肉のスープ……59
- ブロッコリーとシーフードのうま煮……59

[水菜&みぶ菜] 60
- ● 水菜のピリ辛漬け……60
- ● 水菜の和風サラダ……60
- 水菜と豚肉の柚香煮……60

[みつば] 61
- みつばのごちそうサラダ……61
- みつばのおすまし……61
- みつばの一銭洋食……61

[みょうが] 62
- ● みょうがディップ……62
- みょうがの甘酢漬け……62
- みょうがとじゃこのご飯……62

[芽キャベツ] 63
- 蒸し芽キャベツバターのせ……63
- 芽キャベツのチーズ焼き……63
- 芽キャベツのカレースープ煮……63

[もやし] 64
- ● もやしキムチ……64
- ● もやしのナムル……64
- もやしのハンバーグ……64
- ● もやし卵ごはん……65
- マーボーもやし……65
- 豚ばらもやし……65
- もやしのベーコン炒め……66
- もやしのカレー炒め……66
- もやしと油揚げのさっぱり炒め……66
- もやしスープ……66

[モロヘイヤ]
- モロヘイヤのおひたし……67
- モロヘイヤのスープ……67
- モロヘイヤ納豆……67

[レタス]
- レタスのシャカシャカ漬け……68
- レタスの中華風漬物……68
- レタスのしゃぶしゃぶ……68
- レタスのサラダ……69
- レタスののりサラダ……69
- レタスとじゃこののりさっと煮……69
- レタスの卵のさっと炒め……69
- レタスのおひたし……70
- レタスとベーコンの重ね煮……70
- レタスのスープ……70
- レタスのみそ汁……70
- レタスチャーハン……71
- レタスの手巻きずし……71
- レタスの冷やし中華……71

[れんこん]
- れんこんサラダ……72
- れんこんのさくさく焼き……72
- れんこんのおかか煮……72
- れんこんギョーザ……73
- れんこんの梅煮……73
- れんこんハンバーグ……73

PART2 万能食材を使った60品！……75

乾物料理

[切り干し大根]
- 切り干し大根のピリ辛炒め……76
- 切り干し大根の炊き込みご飯……76
- 切り干し大根のみそ汁……76

[春雨]
- 春雨のスープ……77
- 春雨の中華サラダ……77
- 春雨の焼きそば風……77

[ひじき]
- ひじきと大根のマヨネーズサラダ……78
- ひじきとツナの煮物……78
- ひじきがゆ……78

[麩]
- 麩のカレースナック……79
- 麩のガーリックトースト風……79
- 車麩のベーコン焼き……79

[わかめ]
- わかめご飯……81
- わかめのしょうが炒め……81
- わかめ豆腐……81

麩のグラタン……80
麩のそぼろ丼……80
麩のトマト煮……80

ヘルシー食材＆卵の料理

[きのこ]
- しいたけの明太子焼き……82
- しいたけのピザ……82
- 万能きのこのあん……82
- えのきポン酢……83
- えのきの明太子炒め……83
- なめことうふ豆腐の赤だし……83
- なめこおろしそば……83
- まいたけのベーコン焼き……84
- きのこスパゲティ……84
- しめじのリゾット……84
- きのこのマリネ……85
- きのこと豚肉の梅蒸し……85
- きのこ汁……85
- エリンギのおかかバターソテー……85

●は3分以内にできる料理です。

[こんにゃく]
- 糸こんにゃくと豚肉の炒め物……86
- 糸こんにゃくのみそ炒め……86
- 糸こんにゃくと明太子のいり煮……86
- こんにゃくの豚肉巻き焼き……87
- こんにゃくのすじ焼き風……87
- 関西風かやくご飯……87

[卵]
- しょうゆ卵……88
- ゆで卵のチーズ焼き……88
- 卵のオープンサンド……88
- ●卵焼きの甘辛味……89
- 卵焼きのみそ汁……89
- 落とし卵のみそ汁……89
- 明太卵かけご飯……89

[豆腐]
- 豆腐のオリーブオイルかけ……90
- ●焼き豆腐……90
- 豆腐サラダのごまドレッシング……90
- カリカリじゃこかけ冷や奴……91
- 雷豆腐……91
- ●豆腐のドライカレー……91

デザート

[いちご]
- いちごどら焼き……92
- いちごヨーグルトババロア……92
- いちご杏仁豆腐……92

[グレープフルーツ]
- グレープフルーツの寒天……93
- グレープフルーツフラッペ……93
- グレープフルーツのヨーグルトゼリー……93

[キウイフルーツ]
- ●キウイのいきなりヨーグルト……94
- キウイの寒天……94

[みかん]
- みかんゼリー……94
- みかんくず湯……94

すぐに役立つ！こんなときにこんなメニュー……95

使える食材スプラウト
- 貝割れペペロンチーノ……74
- アルファルファーの焼き肉サラダ……74
- ●そばとスプラウトのごまサラダ……74

おまけレシピ3品！
（最後の最後におくぞの直筆イラストレシピがあります）
らっきょう
あとおいキムチ
ひみつのみそ漬け

この本の決まりごと
* 計量の単位は、
  カップ1＝200cc、大さじ1＝15cc、小さじ1＝5ccです。
* 材料は基本的に2人分です。
* 煮物以外は原則としてフライパンを使っていますが、
  鍋や中華鍋でもかまいません。
* 蒸し焼きなどの場合、ふたがぴったり閉まれば
  基本的に水を入れる必要がありませんが、
  火の通りやすいものには「水大さじ1～2」、
  火の通りにくいものは「水50cc～100cc」ぐらいが目安になります。
* レシピのなかでの「かつお節」は、かつおのけずり節のことです。
* 調理時間はあくまでも"おくぞの流"での目安を表示してあります。

PART 1

野菜はシンプルに
料理すればするほど
底力を発揮する。
おくぞの流
野菜料理208品！

以前、「ばっかり食」の実験をしたことがありました。白菜なら一日に1/2株を、毎日毎日2週間食べ続けるのです。白菜のつぎはキャベツを一日1/2個、そのつぎは大根一日1本。考えてみると野菜を作っている農家の人たちってそんなふうに白菜の季節には白菜ばっかり、キャベツの季節にはキャベツばっかり、大根の季節には大根ばっかりを延々と食べ続けているわけです。自分の力で大根一本作ることのできない私は、せめて農家の人たちの気持ちになってみて

い、「ばっかり食」を体験してみたいと思っての試みでした。
最初は、確かに飽きました。味つけを和、洋、中、エスニックと、いろいろ変えてみても、え〜、また白菜〜、と確かに思いました。ところが、なのです。ホンのちょっと切り方を変えたり、ホンのちょっと加熱方法や加熱時間を変えるだけで、野菜って驚くほど食感や味が変わることがだんだんわかってきました。調味料で味に変化をつけようとしたのでは、あっという間に飽きてしまうのに、野菜自体が持つ味や食感の変化は、口がまったく飽きません。それどころか、新しい食感を見つけると、口が喜ぶ感じさえするのです。
こんなふうに切ったら、こんなふうに加熱したら、どんな食感、どんな味になるんだろう？ それを試してみることが野菜料理の最大の楽しさだと、初めて気がついた私。そして、シンプルに料理すればするほど、野菜は底力を発揮することも。
前作の『たっぷり野菜おかず229』でもずいぶん野菜と遊ばせてもらいましたが、今回はさらに、たくさん遊びました。この本の中の料理を作りながら、いつも食べている野菜の、新しい顔もたくさん発見して、今まで以上に野菜と仲良しになれました。
これ、どんな味なんだろう？ こんな切り方みたことない、これとこれの組み合わせって？ きっかけは何でもいいのです。とにかくまずは作ってみてください。それが野菜と仲良しになる第一歩。そして新しい友達を紹介するみたいに、その野菜料理を誰かに教えてあげたくなったら、それ、野菜と仲良しになった証拠です。

TOSHIKO OKUZONO

いんげん

旬は6月から9月。全体にまっすぐでさやの先までしっかりしているものがおすすめ。ちょっとかために蒸し焼きすれば、食べる頃には余熱でちょうどいい歯ごたえになります。

調理時間 **1**分30秒

かつお節をいきなり入れて旨みたっぷり。

いんげんのおひたし

●材料
- いんげん………100g
- 水………50cc
- 塩………少々
- かつお節………適宜
- しょうゆ………少々

☆ここがコツ！
かつお節を入れたら、すぐに火を止めることでかつおの香りが生きます。

●作り方
①フライパンに食べやすく切ったいんげんと水、塩を入れて、ふたをして蒸し焼きにする。
②いんげんがやわらかくなったら、フライパンを傾けて、ふたの間から余分な水分を捨て、手でもんで細かくしたかつお節としょうゆを入れて火を止める。
③ひと混ぜしたらできあがり。

調理時間 **1**分30秒

じゃこを入れるだけで、ご飯のおかずになる。

いんげんのじゃこ炒め

●材料
- いんげん………100g
- ごま油………大さじ1
- ちりめんじゃこ………30g
- しょうゆ………好みで
- 七味唐辛子………好みで

☆ここがコツ！
ちりめんじゃこは最後に混ぜるだけで、旨み充分。七味唐辛子は好みで。

●作り方
①フライパンにごま油を熱して食べやすい長さに切ったいんげんをさっと炒めたら、ふたをして蒸し焼きにする。
②いんげんがやわらかくなったら、ちりめんじゃこをからめ、最後に好みでしょうゆ、七味唐辛子をかけてできあがり。

調理時間 **2**分

肉料理のつけ合わせにぴったり。

いんげんのバター煮

●材料
- いんげん………100g
- 水………50cc
- 塩………少々
- バター………大さじ1
- 黒こしょう………少々

☆ここがコツ！
蒸し焼きにしてからバターをからめることで、バターの風味が引き立ちます。

●作り方
①いんげんは食べやすい長さに切って、水、塩とともにフライパンに入れる。
②ふたをして火にかけ、いんげんを蒸し焼きにする。
③いんげんがやわらかくなったら、フライパンを傾けて、ふたの間から余分な水分を捨てる。
④バターを入れて、全体にからめ、黒こしょうをふったらできあがり。

枝豆

枝つきのもののほうが日持ちもよく、味落ちもありません。うぶ毛の色の濃いものを。冷凍で年中食べられますが、やはり旬の時期の生からゆでた枝豆のおいしさは格別です。

調理時間 2 分
ほんの少しの水で蒸しゆで!!　早さもうまさのうち。
枝豆の塩ゆで

●材料
枝豆（さやつき）………200g
水………1/2カップ
塩………小さじ1/2

●作り方
①フライパンに水と塩を入れて火にかけ、水が沸騰してきたら、枝豆を入れてふたをする。
②1つ食べてみて、やわらかくなっていればできあがり。
③ざるにあげ、好みで塩（分量外）をふる。

水が沸騰してきたら、枝豆を入れる。

☆ここがコツ！
ぴったりと閉まるふたは必需品。
湯を沸かすよりも早いし、旨みも香りも逃がしません。

調理時間 10 分
甘辛味の枝豆だってありなんです。
枝豆のしょうゆ煮

●材料
枝豆（さやつき）………200g
水………1/2カップ
しょうゆ………大さじ1
みりん………大さじ1

●作り方
①フライパンに水としょうゆ、みりんを入れて火にかけ、煮立ったところに枝豆を入れてふたをして煮る。
②枝豆がやわらかくなったら火を止める。

☆ここがコツ！
皮にしみ込んだしょうゆの風味も一緒にチューチューして味わってくださいね。

調理時間 5 分（さやから出す時間を含まず）
残った枝豆が大変身。混ぜて焼くだけでごちそうになる。
枝豆の落とし焼き

●材料
枝豆（ゆでたもの）………200g
A）小麦粉………大さじ4
　　卵………1個
　　水………大さじ2
B）ちりめんじゃこ………大さじ2
　　青ねぎ（小口切り）………適宜
　　すりごま………適宜
ごま油………適宜
しょうゆ………好みで

●作り方
①枝豆は豆をさやから取り出す。
②Aの材料を混ぜたらBも加えて混ぜる。
③フライパンにごま油を熱し、②の生地を食べやすい大きさに、スプーンで落としながら焼く。
④好みでしょうゆをかける。

☆ここがコツ！
枝豆の量は多くても少なくても大丈夫。
ラー油をかけてちょっとピリ辛にするのもうまい。

枝豆

調理時間 **1** 分(さやから出す時間を含まず)

さやから出してマリネ。食べ残してしまった翌日の幸せ。

枝豆のオリーブオイルマリネ

●材料
枝豆(ゆでたもの)………200g
オリーブオイル………大さじ2
たかのつめ(輪切り)………1本分
にんにく(すりおろし)……1かけ分
塩、こしょう………各適宜

●作り方
①枝豆は豆をさやから取り出す。
②オリーブオイル、たかのつめ、にんにく、塩、こしょうをからめてできあがり。

☆ここがコツ！
保存は冷蔵庫で。2〜3日は大丈夫。

★バリエーション
そのまま酒の肴にするだけでなく、ご飯やパスタに混ぜてもバッチリ。

調理時間 **1** 分(さやから出す時間を含まず)

枝豆をご飯に混ぜるだけ。塩味は好みで。

枝豆ご飯

●材料
枝豆(ゆでたもの)………200g
ご飯………茶碗2杯分
塩………適宜

●作り方
①枝豆は豆をさやから取り出す。
②豆に塩をふって5分ほどおいてから、熱々のご飯に混ぜる。

☆ここがコツ！
あらかじめ豆に塩味を濃い目につけておくことで、
味にメリハリがつきます。チャーハンにしてから混ぜてもうまい！

調理時間 **2** 分

下ゆでなしでいきなりさやごと炒めるなんて、あり!?

枝豆のにんにく炒め

●材料
枝豆(さやつき)………200g
ごま油………大さじ1
にんにく(みじん切り)……1かけ分
たかのつめ(輪切り)………1本分
水………大さじ2〜3
しょうゆ………大さじ1

●作り方
①フライパンにごま油とにんにくとたかのつめを入れて火にかける。
②いい香りがしてきたら枝豆を入れ、さっと炒め、水を入れてふたをする。
③枝豆に火が通ったら、しょうゆを回し入れてできあがり。

☆ここがコツ！
さやごと炒め、ぴったり閉まるふたをしたら弱火にする。
ほんの少しの水で蒸し焼きにすれば、味も濃く香りもいい。

オクラ

旬は7〜9月。へたの切り口がみずみずしく、うぶ毛はしっかりついているものが新しい。ネットごと洗えばうぶ毛が取れます。へたをつけたまま蒸しゆでにすれば、水っぽくなりません。

調理時間 3分

オクラのネバネバがご飯にとろりとからまるおいしさ。

オクラとろろ

●材料
オクラ(丸のまま)………10本
水………1/2カップ
ご飯………茶碗2杯分
めんつゆ………適宜
わさび………適宜

●作り方
①フライパンに水を入れて火にかけ、沸騰したらオクラを入れてふたをする。
②30秒ほどたったら取り出して、包丁でたたく。
③ご飯の上にかけて、めんつゆをかけ、わさびをのせる。

☆ここがコツ!
オクラはへたをつけたまま蒸しゆでにし、あとで切り落とすと水っぽくなりません。わさびはたっぷり添えるほうがおいしいです。

調理時間 1分30秒

オクラの漬物!? つけてすぐでもうまい!!

オクラのみそ漬け

●材料
オクラ(丸のまま)
　………10本くらい
水………1/2カップ
A)みそ………大さじ1
　みりん………大さじ1
　しょうが汁………1かけ分

●作り方
①フライパンに水を入れて火にかけ、沸騰したらオクラを入れてふたをする。
②30秒ほどたったら取り出す。
③ビニール袋にAを入れ、熱々のオクラを切らずにそのまま入れてからめる。そのまま冷まして味を含ませたらできあがり。

☆ここがコツ!
オクラはへたをつけたまま蒸しゆで。熱々をみそにからめることで、早く味がしみ込みます。

調理時間 5分

さっと煮たオクラの"とろシャキ"の食感があとをひく。

オクラの煮びたし

●材料
オクラ(へたを取って斜め切り)
　………10本分くらい
A)水………1/2カップ
　しょうゆ………大さじ1
　みりん………大さじ1
　油揚げ(短冊切り)………1枚分
かつお節………適宜

●作り方
①鍋にAを入れて2〜3分煮たら、オクラを入れてふたをして煮る。
②オクラがクタッとなったら、手でもんで細かくしたかつお節を入れて、火を止め、ひと混ぜしたらできあがり。

☆ここがコツ!
先に油揚げを煮て味をつけ、オクラは煮すぎないのがおいしさの決め手。かつお節は手でもんで細かくしてから入れてください。

かぶ

旬は10～11月。葉っぱがぴんとしていてみずみずしく、ひげ根を切ったあとの切り口が小さいものを選びましょう。買ったらすぐ葉を切り落とし、別々に保存。葉っぱもぜひ食べてください。

調理時間 ④ 分（つけ時間を含まず）

シャキシャキ歯ごたえの辛すぎないあっさりキムチ。

かぶの水キムチ

●材料
- かぶ（薄い半月切り）……小4個分
- りんご（薄い半月切り）……1/2個分
- A) 水………1カップ
- 　塩………大さじ1/2
- 　しょうが（みじん切り）………1かけ分
- 　にんにく（みじん切り）………1かけ分
- 　粉唐辛子………適宜
- 　はちみつ………好みで大さじ1
- 　ちりめんじゃこ………30g

●作り方
① かぶとりんごをAにつけ込み、軽く重石をする。
② 1時間後から食べられる。

☆ここがコツ
かぶもりんごも皮つきのまま、だいたい同じ厚さに切るとおいしいです。
粉唐辛子は韓国産のものを。日本の一味唐辛子なら量を加減。

調理時間 ⑥ 分

あっさりかぶに濃厚な豚ばら肉の旨みがからまる。

かぶと豚ばら肉の塩炒め

●材料
- かぶ（1cm厚さくらいの半月切り）………小4個分
- かぶの葉（ざく切り）………適宜
- 豚ばら肉（細切り）………100g
- 塩、こしょう………各適宜
- 黒こしょう………適宜

●作り方
① 豚肉に、塩、こしょうする。
② フライパンを熱くしたところに豚肉を入れて、脂が出てカリカリになるまで炒める。
③ かぶを入れて炒める。
④ 最後に、葉も加えて炒めたら、塩と黒こしょうで味を調えてできあがり。

☆ここがコツ！
豚ばら肉はカリカリになるまでじっくり炒め、かぶ（皮つきのままでOK）はさっと炒めるのがコツ。葉もおいしいのでぜひ入れてください。
黒こしょうはできれば粒をガリガリとひいて。

調理時間 ⑤ 分

熱々おかゆととろとろのかぶ。おなかにも心にも優しい。

かぶのみぞれがゆ

●材料
- かぶ………小2個
- かぶの葉………適宜
- ご飯………茶碗2杯分
- 水………1カップ
- 梅干し（梅肉をたたく）……2個分

●作り方
① ご飯と水を鍋に入れて煮る。
② かぶは皮ごとすりおろし、葉は細かく刻んで塩（分量外）でもんで水けを絞る。
③ ①のおかゆにかぶを加えてひと煮立ちしたら器に盛る。
④ 最後にかぶの葉と梅肉をのせてできあがり。

☆ここがコツ！
かぶは皮ごとすりおろしてOK。
長時間ぐつぐつ煮込まずに、さっと加熱がコツ。
栄養価の高い葉もぜひ入れてください。

☆ここがコツ！
ちりめんじゃこは最後に加え、加熱しすぎないのがコツ。塩はじゃこの塩分をみながら加減して。
★バリエーション
ご飯に混ぜれば菜めし。

調理時間 3 分

ごま油の香りとじゃこの旨みで立派な一品。
かぶの葉のじゃこ炒め（写真ⓐ）

●材料
- かぶの葉（ざく切り）………小4個分
- ごま油………大さじ1
- 塩………少々
- ちりめんじゃこ、すりごま……各適宜

●作り方
① フライパンにごま油を熱し、葉を炒める。
② 塩で味をつけたら、ちりめんじゃことすりごまを混ぜる。

調理時間 1 分

かぶを生で食べる!? 一度食べれば絶対はまる!!
かぶのディップ（写真ⓑ）

●材料
- かぶ………小4個
- A) みそ………大さじ1
-   マヨネーズ………大さじ1
-   七味唐辛子………適宜

●作り方
① かぶは皮ごと、食べやすく6つか8つのくし形に切る。
② Aを混ぜ、かぶに添えてできあがり。
＊Aのかわりに市販の金山寺みそやもろみみそなどでも。

☆ここがコツ！
かぶは皮ごとでOK。あまり薄く切りすぎないほうがおいしいです。葉は根元のところを残すとかわいいのですが、スパッと切り落としたほうが洗いやすいです。

調理時間 3 分

京都の味がビニール袋ひとつでできてしまう!!
かぶの即席千枚漬け

●材料
- かぶ………小4個
- 塩………適宜
- A) はちみつ………大さじ1
-   酢………大さじ1
-   たかのつめ（輪切り）……好みで
-   昆布（細切り）……1cm×10cm分

●作り方
① かぶは皮ごと薄切りにする。
② ビニール袋に入れて塩でもみもみする。
③ しなっとなったらAを混ぜてできあがり。

☆ここがコツ！
市販の千枚漬けは丸い形ですが、家庭で作る場合は半分に切って薄切りにすると切りやすいです。つけてすぐから食べられます。冷蔵庫で保存すれば2〜3日は大丈夫。

調理時間 6 分

とろりと煮えたかぶをフーフーして食べる幸せ。
かぶと油揚げの煮物

●材料
- かぶ………小4個
- A) 水………1½カップ
-   しょうゆ………大さじ3
-   みりん………大さじ3
- 油揚げ（短冊切り）………1枚分
- かつお節………適宜
- 水溶き片栗粉………適宜

●作り方
① かぶは皮ごと、食べやすく6つか8つのくし形に切る。
② Aを鍋に入れて、油揚げを1〜2分煮たら、かぶを入れ、ふたをして煮る。
③ やわらかくなったら、水溶き片栗粉でとろみをつけ、手でもんで細かくしたかつお節を混ぜたらできあがり。

☆ここがコツ！
かぶは思ったよりも早く火が通るので、かぶを入れてからは、煮すぎないのがコツ。皮つきのままで大丈夫。ふたはぴったり閉まるものを。

カリフラワー

味がのるのは12月から1月。房が詰まっていて、色の白いものがおすすめ。加熱は、さっとかためか、とろとろにやわらかくするかのどちらか。中途半端はおいしくありません。

調理時間 **3**分

こりこりの食感とカレー味があとをひく。

カリフラワーのカレーピクルス

● 材料
カリフラワー………1株
A) 酢………大さじ2
　オリーブオイル
　　………大さじ2
　塩………小さじ1/2
　カレー粉………小さじ1/2
　はちみつ………少々
　こしょう………好みで

● 作り方
①カリフラワーは小房に分け、さっとゆでたら、Aにつけ込む。
②つけてすぐから食べられる。

☆ここがコツ！
とにかくさっとゆでて、こりこりの食感を残すのがコツ。熱々をつけ込むことで味がしみ込みやすくなります。

調理時間 **2**分

生のカリフラワー!? シャキシャキの食感は子どもにも大うけ。

カリフラワーそのままサラダ

● 材料
カリフラワー………1株
A) マヨネーズ………大さじ2
　梅干し（梅肉をたたく）
　　………1個分

● 作り方
①カリフラワーは食べやすい大きさに切る。
②Aを混ぜ合わせたものを上からかける。

☆ここがコツ！
カリフラワーは薄切りにするのがコツ。
ディップのように、梅マヨネーズをつけながら食べるのもうまい。

調理時間 **15**分

くたくたに煮えたやさしい口当たりがごちそう。

カリフラワーのくたくたスープ

● 材料
カリフラワー………1株
オリーブオイル………大さじ1
にんにく（みじん切り）………1かけ分
ベーコン（細切り）………2枚分
玉ねぎ（薄切り）………1個分
トマト（ざく切り）………1個分
水………2カップ
塩、黒こしょう………各適宜

● 作り方
①鍋にオリーブオイルとにんにくを入れて火にかけ、いい香りがしてきたらベーコンと玉ねぎを入れて炒める。
②細かく切ったカリフラワーとトマトと水も入れて、煮る。
③カリフラワーが煮くずれるくらいまで煮たら、塩、黒こしょうで味を調えてできあがり。

☆ここがコツ！
カリフラワーは最初から細かく切っておくと早くやわらかくなります。
ごく弱火でふたをして煮るのがおいしさのコツです。
黒こしょうはぜひ粒のものをひいて。

絹さや

味がのるのは5〜6月。やや小さめのほうが、やわらかくておいしい。さっと加熱がおいしく食べるコツ。色がぱっと鮮やかになったらOK。シャキシャキした歯ごたえと甘みがおいしさの決め手です。

調理時間 **2**分

ゆでずに炒めるから、歯ごたえも旨みもそのまま生きる。

絹さやのおかかあえ

●材料
- 絹さや………1パック
- ごま油………大さじ1
- かつお節………適宜
- しょうゆ………大さじ1

●作り方
① 絹さやはへたと筋を取る。
② フライパンにごま油を熱して、絹さやをさっと炒めてふたをする(20〜30秒)。
③ 手でもんで細かくしたかつお節を全体にからめたら、しょうゆを回し入れてできあがり。

☆ここがコツ！
フライパンにごま油を入れて、熱くなったところに絹さやを入れて、一気に炒めてください。ふたをして蒸し焼きにするのはごく短時間。色が鮮やかになったらOKです。

調理時間 **1**分30秒

シンプルイズベスト。絹さやのおいしさを堪能できる。

絹さやの塩炒め

●材料
- 絹さや………1パック
- サラダ油………大さじ1
- 塩、こしょう………各適宜

●作り方
① 絹さやはへたと筋を取る。
② フライパンにサラダ油を熱し、塩と絹さやを入れたらさっと炒めてふたをする(20〜30秒)。
③ 絹さやの緑色がパーッと鮮やかになったら、こしょうをふってできあがり。

☆ここがコツ！
加熱しすぎないのがコツ。器に出したあとの余熱でもどんどん火が通っていくので、早めに火から下ろしてください。

調理時間 **3**分30秒

シャキシャキ絹さやととろ〜り半熟卵の絶妙なコンビ。

絹さやと卵の炒め物

●材料
- 絹さや………1パック
- バター………大さじ1
- 卵………2個
- 塩、こしょう………各適宜

●作り方
① 絹さやはへたと筋を取る。
② フライパンにバターを熱し、絹さやを入れてさっと炒めてふたをする(20〜30秒)。
③ 絹さやの緑色がパーッと鮮やかになったら、塩を入れて溶きほぐした卵を回し入れ、大きくかき混ぜる。
④ 塩、こしょうで味を調えてできあがり。

☆ここがコツ！
絹さやの色がパーッと鮮やかになったら、すぐに卵を入れて、あとは手早く。加熱しすぎないことがおいしさの秘訣。

絹さや

調理時間 **2**分30秒

にんにくの香りとピリ辛で、いくらでも食べられる。
絹さやのペペロンチーノ

●材料
絹さや………1パック
オリーブオイル………大さじ1
にんにく（みじん切り）………1かけ分
ベーコン（細切り）………2枚分
塩、こしょう………各適宜
たかのつめ（輪切り）………1本分

☆ここがコツ！
たかのつめを最後に入れることで
赤色がきれいに仕上がり、
ピリ辛具合もマイルドになります。

●作り方
①絹さやはへたと筋を取る。
②フライパンにオリーブオイルとにんにくを入れて火にかけ、いい香りがしてきたらベーコンを炒めてカリッとしたら絹さやを入れる。
③絹さやにさっと火が通ったら、塩、こしょうで味を調え、最後にたかのつめを加えてひと混ぜしたらできあがり。

調理時間 **2**分

溶けた粉チーズが少し焼けたくらいが食べごろ。
絹さやの粉チーズ炒め

●材料
絹さや………1パック
バター………大さじ1
塩、こしょう………各適宜
粉チーズ………たっぷり

☆ここがコツ！
絹さやの色がパーッと鮮やかになったら粉チーズを入れてください。
チーズを入れてからは、かき混ぜず、自然に溶けて焼けるのを待ちましょう。

●作り方
①絹さやはへたと筋を取る。
②フライパンにバターを熱し、絹さやをさっと炒める。
③塩、こしょうで味を調えたら、粉チーズをたっぷり入れ、とろりとしたらできあがり。

調理時間 **5**分

ご飯がすすむ中華おかず。
絹さやと牛肉のオイスターソース炒め

●材料
絹さや………1パック
牛肉（一口大に切る）………150g
A）しょうゆ………大さじ1
　　はちみつ………大さじ1
ごま油………大さじ1
オイスターソース………大さじ1

☆ここがコツ！
絹さやをさっと炒めたら
一度取り出し、最後に戻し入れる。
このひと手間で絹さやが
レストラン級の一品になります。

●作り方
①絹さやはへたと筋を取る。
②牛肉にはAの下味をよくもみこむ。
③フライパンにごま油の半量と絹さやを入れてさっと炒めて取り出す。
④あいたフライパンに残りのごま油を入れて牛肉を炒める。
⑤牛肉の色が変わったらオイスターソースを入れて、味をからめる。
⑥絹さやを戻し入れてひと混ぜしたらできあがり。

キャベツ

加熱するときは、早い段階で塩をひとつまみ加えることで、
火の通りも早くなるし、
甘みと旨みを引き出すことができます。

調理時間 **7** 分

粉の入らないお好み焼きはおなかに軽くて超ヘルシー。

お好みキャベツ

●材料
キャベツ（せん切り）……… 1/4個分
長ねぎ（小口切り）……… 1本分
ごま油……… 大さじ1
卵……… 2個
塩、こしょう……… 各適宜
マヨネーズ……… 適宜
お好み焼きソース……… 適宜
かつお節、青のり……… 各適宜

●作り方
①フライパンにごま油を熱し、キャベツとねぎを入れたらすぐに塩をふって炒める。キャベツがしんなりしたら、溶いた卵を回し入れてふたをする。
③卵が固まったら、取り出す。
④ラップにマヨネーズとお好み焼きソースをそれぞれ絞り出して茶巾にし、楊枝で穴をあけて③の上に絞り出す。
⑤最後にかつお節と青のりをかけてできあがり。

☆ここがコツ！
キャベツが大きいときは卵を3個にしてください。

調理時間 **4** 分

バター風味のキャベツの中から半熟の黄身がとろ〜り。

巣ごもり卵

●材料
キャベツ（ざく切り）……… 1/4個分
バター……… 大さじ1
塩、こしょう……… 各適宜
卵……… 2個

●作り方
①フライパンにバターを熱し、キャベツと塩、こしょうを入れて炒める。
②全体に油が回ったら、卵を割り入れてふたをする。
③半熟に固まったらできあがり。

☆ここがコツ！
キャベツがまだ生っぽいうちに卵を入れて蒸し焼きにするのがコツ。卵に火が通るのと同時にキャベツもちょうどいい炒め具合になります。

調理時間 **3** 分

クタッと煮えたキャベツにとろけたチーズが合う！

キャベツのチーズ炒め

●材料
キャベツ（ざく切り）……… 1/4個分
オリーブオイル……… 小さじ1
にんにく（みじん切り）……… 1かけ分
塩、こしょう……… 各適宜
マヨネーズ……… 大さじ2
溶けるチーズ……… 適宜

●作り方
①フライパンにオリーブオイルとにんにくを入れて火にかけ、いい香りがしてきたら、キャベツと塩、こしょうを入れてさっと炒める。
②キャベツに油が回ったら、マヨネーズを入れてひと混ぜし、溶けるチーズをかけてふたをする。
③チーズが溶けてキャベツがクタッとなったらできあがり。

☆ここがコツ！
チーズを入れたらふたをして蒸し焼き。フライパンひとつでグラタン風。

キャベツ

調理時間 **3** 分

カレー味のキャベツとソーセージは子どもたちに大人気。

キャベツのカレー炒め

●材料
- キャベツ（ざく切り）……1/4個分
- バター……大さじ1
- ソーセージ（斜め切り）……6本分
- 塩、こしょう……各適宜
- カレー粉……各適宜

●作り方
① フライパンにバターを熱し、ソーセージを炒める。
② ソーセージにいい焼き色がついたら、キャベツを入れ、塩をふって炒める。
③ キャベツがしんなりしたら、カレー粉を入れ、好みでこしょうも入れてできあがり。

☆ここがコツ！
最初にソーセージを炒め、ソーセージの旨みが出た脂でキャベツを炒めることで、キャベツがぐんとおいしくなります。

調理時間 **10** 分

パンはもちろんご飯にも合う。

キャベツとベーコンのミルクスープ

●材料
- キャベツ（細切り）……1/4個分
- バター……大さじ1
- ベーコン（細切り）……2枚分
- 玉ねぎ（薄切り）……1/2個分
- 水……1カップ
- 昆布（細切り）……1cm×10cm分
- 牛乳……1カップ
- 塩、黒こしょう……各適宜

●作り方
① フライパンにバターとベーコンを入れて火にかけ、ベーコンにいい焼き色がついたら、玉ねぎ、キャベツの順に炒める。
② 水と昆布と塩を入れたら、ふたをして弱火で煮る。
③ キャベツがやわらかくなったら、牛乳を入れて、塩、黒こしょうで味を調えたらできあがり。

☆ここがコツ！
キャベツとベーコンを水で煮て、最後に牛乳を入れる。牛乳を入れてから煮すぎないのがおいしく作るコツです。

調理時間 **15** 分

くたくたに煮えたキャベツの芯がうまい。

キャベツのミートソース煮

●材料
- キャベツ（ざく切り）……1/4個分
- オリーブオイル……大さじ1
- 玉ねぎ（薄切り）……1/2個分
- 合いびき肉……200g
- ケチャップ、ウスターソース……各大さじ2
- 水……1カップ
- 塩、こしょう……各適宜
- ご飯……茶碗2杯分

●作り方
① フライパンにオリーブオイルを熱して、玉ねぎを炒める。
② 玉ねぎがしんなりしたら、ひき肉を入れて炒め、ケチャップとソース、塩、こしょうで味を調える。
③ キャベツを上に広げ、水を入れてふたをして蒸し煮にする。
④ キャベツがしんなりしたら、全体を混ぜ、好みのやわらかさになるまで煮たらご飯に添える。

☆ここがコツ！
ふたをしてからはごく弱火で蒸し煮にしてください。芯の部分もとろけるほどやわらかく煮えると、甘みも増しておいしいのです。

きゅうり

最近出回っているきゅうりは、皮がかたく、身が砕けやすいのが特徴。漬物にするときはところどころ皮をむくと早くつかります。曲がっていても味には関係ありません。

調理時間 **1**分30秒（つけ時間を含まず）
からしの風味が生きる。
きゅうりのからし漬け

●材料
きゅうり………2本
塩………適宜
練りがらし………適宜

●作り方
①きゅうりはところどころ皮をむいて塩をすり込み、斜めに切る。
②ビニール袋にきゅうりと練りがらしを入れて、袋の上からもみもみして、からしを全体にいきわたらせる。
③冷蔵庫に1時間くらい入れて味がなじんだらできあがり。

☆ここがコツ！
ビニール袋の中の空気を出して、ぴったり口をしばって冷蔵庫に入れると、早く味がなじみます。好みでしょうゆ、はちみつなどを加えても。

調理時間 **6**分
すっぱくて辛くて、複雑なうまさ。
きゅうりのエスニック漬け

●材料
きゅうり………2本
ナンプラー………大さじ1
粉唐辛子………適宜
レモン………適宜

●作り方
①きゅうりはところどころ皮をむいて大きめの乱切りにする。
②ビニール袋にきゅうり、ナンプラーを入れてもみもみし、5分ほどおく。
③粉唐辛子をふり、食べるときにレモンを絞る。

☆ここがコツ！
ナンプラーは意外にしょっぱいので、入れすぎに注意してください。

☆ここがコツ！
薄切りにしたきゅうりに塩をまぶして、しなっとなるまでしばらくおいてから、やさしく水けを絞ってください。

調理時間 **3**分（炊飯時間を含まず）
夏向きのさっぱり味。
きゅうりとうなぎのおすし

●材料
きゅうり（薄切り）………2本分
米………2カップ
水………2カップ
A）砂糖………大さじ1½
　酢………大さじ4
　塩………小さじ1
うなぎの蒲焼き（ざく切り）
　………1尾分
塩………適宜
粉山椒………適宜

●作り方
①米は洗って分量の水で炊く。
②Aを合わせて火にかけ、炊きたてのご飯に混ぜる。
③きゅうりは塩でもみ、水けを絞っておく。
④すし飯のあら熱が取れたら、うなぎときゅうりを混ぜて、仕上げに山椒をふればできあがり。

グリーンアスパラガス

旬は5〜6月。全体に太さが一定でピンと張りのあるものがおすすめ。根元から1/3のところの皮をピーラーでむくと、食べやすくなります。あまり細すぎるものは筋っぽいことが多いので要注意。

調理時間 2分30秒

和風のごまあえだってありなんです。

グリーンアスパラガスのごまあえ

●材料
グリーンアスパラガス………1わ
水………大さじ2〜3
すりごま………適宜
しょうゆ………適宜

☆ここがコツ！
生のまま蒸しゆですることで、水っぽくなくて旨みも香りも生きます。ごまはできればすりたてのものを。

●作り方
①アスパラは根元から1/3のところまでピーラーで皮をむき、食べやすい長さに切る。
②フライパンに水を入れて火にかけ、沸騰したらアスパラを入れてふたをして蒸す。
③ふたをずらして水を捨て、ごまとしょうゆであえてできあがり。

調理時間 2分

こしょうの香りがあとをひく。

グリーンアスパラガスのこしょう炒め

●材料
グリーンアスパラガス………1わ
バター………大さじ1
塩、黒こしょう………各適宜

☆ここがコツ！
ふたをしてからは20〜30秒。少しかために仕上げても、余熱でちょうどいい歯ごたえになります。

●作り方
①アスパラは下1/3ほどをピーラーで皮をむき、食べやすい長さに切る。
②フライパンにバターを熱し、アスパラを入れたらふたをする。
③アスパラに火が通ったら、塩で味を調え、黒こしょうをたっぷりかけてできあがり。

調理時間 10分

焼けたマヨネーズの香ばしい香り。

グリーンアスパラガスのマヨネーズ焼き

●材料
グリーンアスパラガス………1わ
塩、こしょう………各適宜
オリーブオイル………適宜
マヨネーズ………大さじ3

☆ここがコツ！
マヨネーズを絞り出す前にオリーブオイルをからめておくことで、焼いている途中で水分が抜けてかすかすになるのを防ぎます。

●作り方
①アスパラは下1/3ほどをピーラーで皮をむき、食べやすい長さに切る。
②耐熱皿にのせて、塩、こしょう、オリーブオイルをからめる。
③マヨネーズを絞り出し、オーブントースターで焼く。香ばしい焼き色がついたらできあがり。

調理時間 **15**分

おもてなしにぴったり。
グリーンアスパラガスのグラタン

●材料
グリーンアスパラガス………1わ
バター………大さじ1
玉ねぎ（薄切り）………1/2個分
小麦粉………大さじ1
牛乳………1カップ
塩、こしょう………各適宜
溶けるチーズ………たっぷり

●作り方
①アスパラは下1/3ほどをピーラーで皮をむき、食べやすい長さに切る。
②フライパンにバターを熱し、玉ねぎを炒める。
③玉ねぎがしなっとなったら、小麦粉をふり入れ、粉っぽいところがなくなったら牛乳を加える。
④かき混ぜながら火にかけ、とろりとなったら塩、こしょうで味を調える。
⑤アスパラを加え、ひと煮立ちしたら、耐熱容器に移し、上に溶けるチーズをかける。
⑥オーブントースターに入れ、チーズにおいしそうな焼き色がつくまで焼く。

☆ここがコツ！
アスパラは下ゆでなし。ホワイトソースの中でさっと加熱するだけでOK。オーブントースターで焼いている間にちょうどいい火の通り具合になります。

調理時間 **6**分

彩りもごちそうのうち。
グリーンアスパラガスとえびの炒め物

●材料
グリーンアスパラガス………1わ
えび………10尾
塩、こしょう………各適宜
片栗粉………適宜
オリーブオイル………大さじ1
にんにく（みじん切り）………1かけ分

●作り方
①アスパラは下1/3ほどをピーラーで皮をむき、食べやすい長さに斜めに切る。
②えびは殻をむいて横2つに切り、背わたを取り、塩、こしょう、片栗粉で下味をつける。
③フライパンにオリーブオイルとにんにくを入れて火にかけ、いい香りがしてきたら、アスパラと塩を入れてさっと炒める。
④えびも加えてさっと炒めたらふたをして蒸し焼きにする。
⑤最後に塩、こしょうで味を調えてできあがり。

☆ここがコツ！
炒めるときに
塩をひとつまみ入れることで、
アスパラのグリーンが
パーッと鮮やかに仕上がります。

調理時間 **5**分

中華の定番おかずが簡単にできます。
グリーンアスパラガスと豚肉のオイスターソース炒め

●材料
グリーンアスパラガス………1わ
豚もも薄切り肉………100g
A）しょうゆ………小さじ1
　　片栗粉………大さじ1
ごま油………大さじ1
長ねぎ（みじん切り）………1本分
水………1/2カップ
しょうゆ………少々
オイスターソース………大さじ1

●作り方
①アスパラは下1/3ほどをピーラーで皮をむき、食べやすい長さに斜めに切る。豚肉は食べやすく切って、Aのしょうゆをもみこんでから片栗粉をまぶす。
②フライパンにごま油の半量を熱し、アスパラと塩を入れてさっと炒めたら、一度取り出す。
③残りのごま油を入れてねぎを炒めたら、豚肉を上に広げる。水を脇から注ぎ入れてふたをする。
④豚肉に火が通ったら、軽く混ぜ、しょうゆとオイスターソースで味を調える。アスパラを戻し入れてできあがり。

☆ここがコツ！
アスパラは、最初にさっと炒めて取り出し、最後に戻し入れることで、色も鮮やかで、シャキシャキに仕上がります。

ごぼう

洗いごぼうより土つきのものが香り、味ともにおすすめ。皮はむかずに包丁の背やたわしでこそげ取ります。水にさらしすぎると香りが飛ぶのでさっと真水で洗う程度で。酢水でなくても大丈夫。

調理時間 10分

カリカリごぼうのかりんとう。
ごぼうのごまごまがらめ

●材料
ごぼう………1本
ごま油………大さじ2
A) はちみつ………大さじ2
　　しょうゆ………大さじ2
　　すりごま………たっぷり

☆ここがコツ！
少し多めの油でじっくり揚げ焼きにすることで香ばしくなります。ごぼうを小さく砕けば、もう少しスピードアップできます。

●作り方
①ごぼうは皮をたわしで洗って、めん棒でたたいて砕き、さっと水にさらす。
②フライパンにごま油を熱してごぼうを入れ、弱火で揚げ焼きにする。
③好みのかたさになったら、余分な油をキッチンペーパーで吸い取る。
④Aを入れて、からめたらできあがり。

調理時間 3分（つけ時間を含まず）

ビニール袋を使えば、少しのみそでおいしくつかる。
ごぼうのみそ漬け

●材料
ごぼう………1本
A) みそ………大さじ1
　　みりん………好みで大さじ1
　　しょうが汁………適宜

☆ここがコツ！
薄切りにすることで、早くゆでられるし、早くつかります。みそをからめながら食べれば、つけてすぐからでもおいしいです。保存は冷蔵庫で。

●作り方
①ごぼうは皮をたわしで洗って、斜め薄切りにして、さっと水にさらす。
②フライパンに水1/2カップを入れて火にかけ、ごぼうを入れたらふたをして、好みのかたさになるまで蒸し焼きにする。
③ビニール袋にAとごぼうを入れて、もみもみしてつけ込めばできあがり。

調理時間 4分

ちょっぴり洋風で子どもたちも大喜び。
ごぼうのベーコンきんぴら

●材料
ごぼう………1本
ごま油………大さじ1
ベーコン（短冊切り）………2枚分
しょうゆ………大さじ1

☆ここがコツ！
ごぼうは薄切りにすることで早く火が通り、歯ごたえもシャキシャキであとをひくおいしさに。甘いのが好きな人は、はちみつを少々加えても。

●作り方
①ごぼうは皮をたわしで洗って、斜め薄切りにして、さっと水にさらす。
②フライパンにごま油を熱して、ベーコンを炒める。
③ごぼうも入れて炒めたら、ふたをして、好みのかたさになるまで蒸し焼きにする。
④しょうゆで味を調えてできあがり。

☆ここがコツ！
最初にごぼうと牛肉を炒めたら、水を加えず蒸し煮に。
ごぼうがやわらかくなってから最後に調味料を入れることで、
しっかり味のみそ煮が短時間でできあがり。

調理時間 **10**分（炊飯時間を含まず）

鶏肉の旨みとごぼうの香り。定番中の定番炊き込みご飯。

ごぼうの炊き込みご飯（写真b）

●材料
ごぼう………1本
鶏もも肉………小1枚
A）しょうゆ………大さじ1
　　みりん………大さじ1
ごま油………大さじ1
米………2カップ
水………2カップ
昆布（細切り）………1cm×10cm分
しょうゆ………大さじ2

●作り方
①ごぼうは皮をたわしで洗い、さ
さがきにしてさっと水にさらす。
②鶏肉は食べやすく切ってAの
下味をよくもみこむ。
③フライパンにごま油を熱して
鶏肉を炒めたら、ごぼう、洗っ
た米の順に入れて炒める。
④炊飯器に移し入れて、水と昆
布、しょうゆを加え炊く。

☆ここがコツ！
材料をあらかじめ炒めてから炊く
ことで、鶏肉とごぼうの旨みと香
りがご飯の中までしみ込みます。

調理時間 **10**分

お弁当のおかずにもぴったり!!　ご飯がすすむ、すすむ。

ごぼうと牛肉のみそ煮

●材料
ごぼう………1本
ごま油………大さじ1
牛薄切り肉（一口大に切る）
　　………200g
A）しょうゆ………大さじ1
　　はちみつ………大さじ1
　　しょうが汁………1かけ分
みそ………大さじ2
はちみつ………大さじ2
七味唐辛子………好みで
針しょうが………飾りに

●作り方
①牛肉はAの下味をもみこんで
おく。
②ごぼうは皮をたわしで洗っ
て、斜め薄切りにし、さっと水
にさらす。
③鍋にごま油を熱してごぼうを
炒め、ごぼうに油が回ったら、
牛肉を調味料ごと入れて炒める。
④ふたをして弱火にし、蒸し煮
にする。
⑤ごぼうがやわらかくなったら、
みそ、はちみつを入れ、全体に
からんだら、七味唐辛子をふり、
針しょうがを飾ればできあがり。

調理時間 **10**分

ごぼうの香りが口いっぱいに広がる。

ごぼう汁（写真a）

●材料
ごぼう………1/2本
ごま油………大さじ1
油揚げ（細切り）………1/2枚分
水………2カップ
みそ………大さじ2
かつお節………適宜

☆ここがコツ！
ごぼうを炒めてから煮ることで、
香りがよくなります。
ささがきはピーラーでやっても。

●作り方
①ごぼうは皮をたわしで洗って、
ささがきにして、さっと水にさら
す。
②鍋にごま油を熱しごぼうを炒
め、油揚げも入れたら水を入れ、
ごぼうがやわらかくなるまで煮
る。
③手でもんで細かくしたかつお
節を入れたら火を止め、みそを
溶き入れたらできあがり。

小松菜

野菜の中では特にカルシウムが多く、カロテンやビタミンCも多量に含むので美肌にも効果大。あくがないので、下ゆでせずに調理できます。芯のところは縦に切ると洗いやすいです。

調理時間 **2** 分

あくがないからできる簡単蒸しゆで。素材の味が生きます。

小松菜のごまあえ

● 材料
- 小松菜（ざく切り）……1わ分
- 水………大さじ1
- 塩………少々
- すりごま………適宜
- しょうゆ………適宜

● 作り方
① フライパンに水と塩を入れて火にかけ、小松菜を入れたらすぐにふたをして蒸しゆでにする。
② 小松菜がしなっとなったら、ごまとしょうゆを混ぜてできあがり。

☆ここがコツ！
大さじ1の水だけで、充分蒸しゆでができます。
火は中火、ふたはぴったり閉まるものをぜひ使ってください。

調理時間 **3** 分

からしじょうゆとちくわが絶妙な取り合わせ。

小松菜とちくわのからしあえ

● 材料
- 小松菜（ざく切り）……1わ分
- 水………大さじ1
- 塩………少々
- 練りがらし………小さじ1
- 酢………小さじ1
- しょうゆ………大さじ1
- ちくわ（輪切り）……2〜3本分

● 作り方
① フライパンに水と塩を入れて火にかけ、小松菜を入れたらすぐにふたをして蒸しゆでにする。
② ボウルに練りがらしと酢を入れて、からしをよく溶かしてしょうゆを混ぜる。
③ 小松菜とちくわを混ぜて、②をかける。

☆ここがコツ！
先に小松菜とちくわを混ぜて器に盛り、
食べるときに好みの量のからしじょうゆをかけるようにすれば、
水っぽくならずおいしく食べられます。

調理時間 **2** 分

辛くてすっぱくって複雑なうまさ。

小松菜のエスニック炒め

● 材料
- 小松菜（ざく切り）……1わ分
- 桜えび………30g
- ごま油………大さじ1
- にんにく（みじん切り）……1かけ分
- たかのつめ（輪切り）………適宜
- 豆板醤………小さじ1/2
- ナンプラー………大さじ1
- 水溶き片栗粉………適宜
- レモン………好みで

● 作り方
① フライパンに桜えびを入れて火にかけ、パリッとするまでからいりして取り出す。
② あいたフライパンにごま油とにんにく、たかのつめを入れて火にかけ、いい香りがしてきたら、豆板醤も入れて炒める。
③ 小松菜を入れたらすぐにふたをして蒸し焼きにし、しなっとなったら、ナンプラーで味をつける。
④ 水が出てきたら、水溶き片栗粉でとろみをつけ、最後に桜えびを戻し入れる。
⑤ 食べるときに好みでレモン汁をかける。

☆ここがコツ！
ナンプラーがなければしょうゆで、
桜えびがなければちりめんじゃこで代用しても大丈夫。
にんにくとごま油をフライパンに入れてから火をつけると、焦がさないでにんにくの香りをたたせることができます。

調理時間 5 分

とろ〜りマーボー味の炒め物。

小松菜と豚ひき肉の炒め物

●材料
- 小松菜（ざく切り）………1わ分
- ごま油………大さじ1
- 長ねぎ（みじん切り）………1本分
- 豚ひき肉………100g
- 水………1カップ
- オイスターソース………大さじ2
- しょうゆ………大さじ1
- 水溶き片栗粉………適宜

●作り方
①フライパンにごま油の半量を熱し、小松菜をさっと炒めたら、すぐふたをして蒸し焼きにし、しなっとなったら器に取り出す。
②あいたフライパンに残りのごま油を入れて、ねぎとひき肉を炒め、色が変わったら水を入れ、オイスターソース、しょうゆで味を調える。
③水溶き片栗粉でとろみをつけたら、小松菜を戻し入れてできあがり。

☆ここがコツ！
最初に小松菜だけを炒めて取り出し、最後に戻し入れることでシャキシャキの食感がそのまま残り、色鮮やかに仕上がります。

調理時間 3 分

豆腐たっぷりのヘルシー丼。ごまだれがにくいうまさ。

小松菜丼

●材料
- 小松菜（ざく切り）………1わ分
- ごま油………大さじ1
- 木綿豆腐………1丁
- かつお節………適宜
- 水溶き片栗粉………適宜
- ご飯………茶碗2杯分
- A）しょうゆ………大さじ2
- 　　みりん………大さじ2
- 　　すりごま………大さじ2
- 　　ごま油………大さじ1

●作り方
①フライパンにごま油を熱し、小松菜をさっと炒める。
②豆腐も入れて、ざっくりつぶしながら炒め、水が出てきたら、手でもんで細かくしたかつお節を混ぜ、水溶き片栗粉でとろみをつける。
③ご飯の上にたっぷりかけてAのたれをかける。

☆ここがコツ！
豆腐を加えたら、ざっくりと炒める程度で大丈夫。
出てきた水分をかつお節に吸わせることで、香りと旨みをプラス。
ごまだれは食べるときにお好みでたっぷりと。

調理時間 3 分

じゃことポン酢じょうゆでさっぱりと。

小松菜とじゃこの炒め物

●材料
- 小松菜（ざく切り）………1わ分
- ごま油………大さじ1
- ちりめんじゃこ………30g
- ポン酢じょうゆ………好みで

●作り方
①フライパンにごま油を熱して、小松菜をさっと炒め、すぐにふたをして蒸し焼きにする。
②小松菜がしなっとなったら、ちりめんじゃこを混ぜて器に盛る。
③食べるときに好みでポン酢じょうゆをかける。

☆ここがコツ！
ちりめんじゃこは最後に入れて、炒めすぎないのがコツ。
ポン酢じょうゆは器に盛ってからかけて。

さつまいも

食物繊維とビタミンCが豊富で低カロリー。秋に穫れたてのものより、1~2月ごろまで保存しておいたもののほうが、甘みがのってます。寒さに弱いので、冷蔵庫に入れず常温保存しましょう。

調理時間 10分
フライパン蒸しだから、思い立ったらすぐ作れる。
蒸しさつまいも

●材料
さつまいも(2cm厚さの輪切り)
　………1本分
水………1/2カップ
塩………適宜

●作り方
①フライパンに水を入れて火にかけ、沸騰したら、さつまいもを並べ、ふたをして蒸し焼きにする。
②やわらかくなったら取り出し、塩をふる。

☆ここがコツ！
ぴったり閉まるふたは必需品。ごく弱火で、じっくり蒸すことでさつまいもの甘みが出ます。最後にふる塩でさらに甘みが増します。
★バリエーション
残った蒸しさつまいもはつぶして丸めていもようかん風に。
バターをのせれば、じゃがバターならぬ、おさつバター。

調理時間 5分
さっと炒めて蒸し焼き。自然な甘みとごまみその相性のよさ。
さつまいものごまみそだれ

●材料
さつまいも………1本
ごま油………大さじ1
A)練りごま………大さじ1
　はちみつ………大さじ1
　みそ………大さじ1
　すりごま………大さじ1

●作り方
①さつまいもは太めの棒状に切る。
②フライパンにごま油を熱し、さつまいもをさっと炒めたら、ふたをして蒸し焼きにする。
③さつまいもがやわらかくなったら取り出し、Aをかけてできあがり。

☆ここがコツ！
火は弱火、ぴったり閉まるふたをして、
じっくりじわじわ加熱することで、さつまいもの甘みが引き出せます。

調理時間 6分
じゃこの塩分とさつまいもの甘みがいい感じ。
さつまいもとじゃこの炒め物

●材料
さつまいも(薄切り)………1本分
ごま油………大さじ1
ちりめんじゃこ………30g
しょうゆ………少々

●作り方
①フライパンにごま油を熱し、さつまいもをさっと炒めたら、ふたをして蒸し焼きにする。
②さつまいもがやわらかくなったら、ちりめんじゃこをまぶし、しょうゆをかけてできあがり。

☆ここがコツ！
じゃこはさつまいもに火が通ってから、
さっとからめる程度。
最後にジュッと入れるしょうゆの香りが食欲をそそります。

調理時間 **2** 分（炊飯時間を含まず）

おにぎりにしてもよし。
さつまいもご飯
（写真 ⓐ）

●材料
さつまいも（厚めのいちょう切り）
　………小1本分
米………2カップ
水………2カップと大さじ4
塩………小さじ1/2
黒ごま………適宜

●作り方
①米は洗って、分量の水につける。
②塩とさつまいもを入れて炊く。
③茶碗によそって黒ごまをふる。

☆ここがコツ！
さつまいもは皮つきのまま、すこし大きめに切っておくと、煮くずれせずにきれいに炊き上がります。
仕上げの黒ごまはぜひ。

調理時間 **10** 分

ちょっぴり甘いみそ汁が新鮮。
さつまいもたっぷりの豚汁 （写真 ⓑ）

●材料
さつまいも（少し厚めの輪切り）
　………1本分
水………4カップ
昆布（細切り）………1cm×10cm分
豚ばら肉（一口大に切る）
　………200g
玉ねぎ（くし形切り）………1個分
みそ………大さじ3〜4
七味唐辛子………好みで

●作り方
①鍋に水と昆布を入れて火にかける。
②沸騰したら豚肉を入れ、玉ねぎとさつまいもも入れる。
③ふたをして弱火で煮る。
④野菜と肉がやわらかく煮えたら、みそを溶き入れる。
⑤器に盛って、好みで七味唐辛子をかけてできあがり。

☆ここがコツ！
さつまいもは皮つきのまま入れるほうが煮くずれません。
みそはいつも使っているもので大丈夫。
もしあれば、甘めの麦みそがよく合います。

☆ここがコツ！
さつまいもはじわじわと加熱することでびっくりするくらい甘くなります。
厚手の鍋で、ふたがぴったり閉まるものを使うのがポイントです。

調理時間 **8** 分

体がほっとするおばんざい風。
さつまいもと油揚げの煮びたし

●材料
さつまいも（輪切り）………1本分
油揚げ（短冊切り）………1枚分
水………1カップ
しょうゆ………大さじ2
みりん………大さじ2
かつお節………適宜

●作り方
①かつお節以外の材料を鍋に入れて火にかけ、ふたをして煮る。
②沸騰したら、2〜3分煮て、手でもんで細かくしたかつお節を入れたら火を止めて余熱で火を通す。
③さつまいもがやわらかくなったらできあがり。

ししとう

カロテンとビタミンCが豊富な夏野菜。へたや皮の部分がみずみずしいものを選びましょう。オーブントースターで焼くときは破裂を防ぐために皮に切り込みを入れます。

調理時間 5 分
熱々ご飯にのせて食べたい。
ししとうのキムチ

●材料
ししとう………1パック
ごま油………大さじ1
にんにく（みじん切り）………1かけ分
しょうが（みじん切り）………1かけ分
しょうゆ………大さじ1
はちみつ………大さじ1
ちりめんじゃこ………30g
酢………大さじ1
粉唐辛子………適宜

●作り方
①フライパンにごま油、にんにく、しょうがを入れて炒め、いい香りがしてきたらししとうも入れる。
②ししとうがしなっとなったら、しょうゆとはちみつで味を調える。
③ちりめんじゃこと酢を入れてひと混ぜしたら火を止め、粉唐辛子を混ぜる。

☆ここがコツ！
ししとうがしなっとなるまで炒めるのがコツ。
粉唐辛子は韓国産のものを。一味唐辛子ならごくごく控えめに。

調理時間 8 分
クタッと煮えたししとうに味がしみて。
ししとうの佃煮風

●材料
ししとう………1パック
A）しょうゆ………大さじ2
　　みりん………大さじ2
　　水または酒………大さじ2
かつお節………適宜

●作り方
①ししとうとAを鍋に入れ、ふたをして弱火にかけ、ししとうがクタッとなるまで煮る。
②最後に手でもんで細かくしたかつお節を入れてできあがり。

☆ここがコツ！
ふたはぴったり閉まるものを。
色は悪くなるけれど、クタクタに煮たほうがおいしい。

調理時間 7 分
さっと加熱で、風味が生きる。
ししとうの塩焼き

●材料
ししとう………1パック
ごま油………大さじ1
塩………適宜

●作り方
①ししとうは縦に切り込みを入れる。
②ししとうにごま油をまぶし、オーブントースターで焼く。
③焼き上がりに塩をまぶす。

☆ここがコツ！
フライパンで炒めてもOK。火を通しすぎないのがコツ。
オーブントースターの中で破裂を防ぐため、切り込みを入れましょう。

調理時間 10 分

彩りも味も、ベストな組み合わせ。

ししとうの焼き鳥

●材料
ししとう………1パック
鶏胸肉………小1枚
塩、こしょう………各適宜
ごま油………大さじ1
七味唐辛子………好みで
レモン………好みで

●作り方
①食べやすい大きさに切った鶏肉には塩、こしょうで下味をつけ、ししとうと交互に串にさす。
②ごま油を熱したフライパンで両面をこんがり焼く。
③好みで七味唐辛子をふり、レモンを添える。

☆ここがコツ！
鶏肉の中まで火を通すために、途中ふたをしてもかまいません。
ししとうをちょっと焦がす感じで焼くのが香ばしい。

調理時間 11 分

オーブントースターでできるお手軽フライ風。

ししとうのパン粉焼き

●材料
ししとう………1パック
マヨネーズ………大さじ2
パン粉………大さじ2

●作り方
①ししとうに切り込みを入れたら、マヨネーズとパン粉をまぶす。
②オーブントースターの天パンに並べ、10分ほど焼く。

☆ここがコツ！
オーブントースターによって焼き時間は異なります。
パン粉が焦げてきたら、上にアルミホイルをかぶせてください。

パン粉をざっくり混ぜるとカラッと焼きあがります。

調理時間 8 分

甘辛味でご飯がすすむ。

ししとうと豚肉のしょうが炒め

●材料
ししとう………1パック
豚もも薄切り肉（一口大に切る）
　………150g
A）しょうゆ………大さじ1
　　はちみつ………大さじ1
ごま油………大さじ1
しょうが（せん切り）………2かけ分
しょうゆ………大さじ1
はちみつ………大さじ1

●作り方
①豚肉にAをよくもみこむ。
②フライパンにごま油としょうがを入れ、いい香りがしてきたら①の豚肉を炒める。
③ししとうも入れてふたをして蒸し焼きにする。
④しょうゆ、はちみつで味を調えたらできあがり。

☆ここがコツ！
ふたをして蒸し焼きにすることでししとうが少しクタッとします。
そうすることで味がうまくからみます。

じゃがいも

ホクホクした食感の男爵。煮くずれしにくいメークイン。やわらかくて旨みがつよいキタアカリ。たわしできれいに洗えば、皮ごと食べられます。下ゆでせずに蒸し焼きするのがおいしく食べるコツ。

調理時間 8分
ホクホクのいもが卵の中から顔を出す幸せ。
ポテトオムレツ

●材料
- じゃがいも………2個
- バター………大さじ1
- 卵………2個
- 塩、こしょう………各適宜
- ケチャップ………好みで

●作り方
1. じゃがいもは皮つきのまま1cm厚さのいちょう切りにする。
2. フライパンにバターを熱し、じゃがいもをさっと炒め、ふたをして蒸し焼きにする。
3. 卵は塩、こしょうを入れて溶きほぐす。
4. じゃがいもがやわらかくなったら卵を回し入れ、ふたをして焼く。
5. 両面がこんがり焼けたらできあがり。好みでケチャップを添える。

☆ここがコツ！
じゃがいもは切ったあとで水にさらしてぬめりをとると、煮くずれやねばつきを防げて、きれいに仕上がります。

調理時間 10分
ひと鍋で一緒にゆでる!?
マカロニポテトサラダ

●材料
- じゃがいも………2個
- マカロニ………1/2カップ
- 水………1カップ
- 玉ねぎ(薄切り)………1/2個分
- ハム………1パック
- きゅうり(輪切り)………1本分
- 塩、こしょう………各適宜
- マヨネーズ………大さじ3〜4

●作り方
1. じゃがいもは一口大に切り、マカロニと水も一緒に鍋に入れ、ふたをして火にかける。
2. じゃがいもとマカロニがやわらかくなったら、玉ねぎを入れて、再びふたをし玉ねぎにさっと火を通す。
3. 鍋のふたをずらして水をきったら、熱いうちに塩、こしょうをふっておく。
4. きゅうりは塩でもんで水けをきり、ハムは食べやすく切る。
5. すべての材料とマヨネーズを混ぜてできあがり。

☆ここがコツ！
じゃがいもを下、マカロニを上に入れるとうまくゆであがります。早ゆでのマカロニを使うときは、じゃがいもを先に煮ておいて、時間差で入れてください。

調理時間 10分
肉じゃがよりも簡単。
じゃがいものカレーあんかけ

●材料
- じゃがいも………2個
- A) 水………1カップ
  - しょうゆ………大さじ2
  - みりん………大さじ2
  - しょうが汁………1かけ分
  - 昆布(細切り)………1cm×10cm分
- ツナ………小1缶
- B) 片栗粉………大さじ1/2
  - カレー粉………小さじ1
  - 水………大さじ1

●作り方
1. じゃがいもは食べやすい大きさに切り、Aとともに鍋に入れ、ふたをして弱火で煮る。
2. じゃがいもがやわらかくなったら、油をきったツナを入れ、Bでとろみをつけたらできあがり。

★バリエーション
ご飯にかければカレー丼。
うどんに入れれば、即席カレーうどん。

☆ここがコツ！
ツナは最後に入れて煮すぎないのがコツ。
カレー粉は片栗粉と混ぜて最後に入れると香りがたつ。

調理時間 **8**分

ゆでずに蒸すから旨みが生きる。
蒸しじゃがたらサラダ

●材料
じゃがいも………2個
水………1/2カップ
辛子明太子………1/2腹
マヨネーズ………大さじ4

●作り方
①じゃがいもは皮つきのまま、くし形切りにする。
②フライパンにじゃがいもと水を入れてふたをして火にかける。
③沸騰したら弱火にして、じゃがいもがやわらかくなるまで蒸し焼きにする。
④じゃがいもがやわらかくなったら、ふたをずらして水けをきり、再び火にかけて水分を飛ばす。
⑤明太子の身とマヨネーズを混ぜ合わせたものを上からかけてできあがり。

☆ここがコツ！
じゃがいもは皮つきのまま蒸すことで、ホクホク感が増し、旨み、香りともにワンランクアップします。

調理時間 **8**分

にんにく風味が隠し味。
ピリ辛みそじゃが

●材料
じゃがいも………2個
ごま油………大さじ1
豆板醤………小さじ1/2
みそ………大さじ2
はちみつ………大さじ2
にんにく（すりおろし）………1かけ分

●作り方
①じゃがいもは皮つきのまま、くし形に切り、ごま油と豆板醤を入れたフライパンに入れてさっと炒め、ふたをして蒸し焼きにする。
②じゃがいもがやわらかくなったら、みそとはちみつとにんにくをからめ、少しみそが焦げる感じになったらできあがり。

☆ここがコツ！
じゃがいもは下ゆでなしで蒸し焼きがうまさの秘密。
にんにくはじゃがいもがやわらかくなってから入れると焦げません。

調理時間 **7**分

ホワイトソースより簡単。あっさり、おいしい!!
じゃがいものミルク煮

●材料
じゃがいも………2個
バター………大さじ1
ベーコン（細切り）………2枚分
牛乳………1カップ
塩、こしょう………各適宜

●作り方
①フライパンにバターを熱し、ベーコンを炒めたところに、いちょう切りにしたじゃがいもを入れてさっと炒める。
②牛乳を入れたら弱火で煮る。
③じゃがいもがやわらかくなったら、塩、こしょうで味を調えてできあがり。

☆ここがコツ！
最後に溶けるチーズをかけてもおいしい。
牛乳を入れて火にかけると、沸騰して吹きこぼれやすいので、必ずふたを少し開けておくこと。

調理時間 **6**分

薄切りだから口の中ですっと溶ける。
薄切りじゃがいものピザ風

●材料
じゃがいも………2個
バター………大さじ1
塩、こしょう………各適宜
ケチャップ………好みで
溶けるチーズ………適宜
パセリ（みじん切り）………適宜

●作り方
①じゃがいもはごく薄切りにする（水にさらさない）。
②フライパンにバターを熱し、じゃがいもを入れてさっと炒め、ふたをして蒸し焼きにする。
③じゃがいも同士がくっついてくるので、途中ひっくり返して両面をこんがりと焼く。
④ケチャップと溶けるチーズをかけてふたをして、チーズが溶けたらパセリをふってできあがり。

☆ここがコツ！
薄切りにしたじゃがいもは水にさらさずにバターで炒めると、じゃがいも同士がくっついてピザ台のようになります。

ズッキーニ

きゅうりのように見えるけれど、じつはかぼちゃの仲間。乾燥しやすいので、買ってきたらできるだけ早く食べきりましょう。さっと加熱したものもクタッと煮たものも、どちらもおいしい。

調理時間 **7**分
イタリアンだけじゃもったいない!!
ズッキーニのおひたし

●材料
ズッキーニ（薄い輪切り）……1本分
水………1/2カップ
しょうゆ………大さじ1
みりん………大さじ1
かつお節………適宜

●作り方
①ズッキーニは水、しょうゆ、みりんとともに鍋に入れ、ふたをして火にかける。
②ズッキーニがやわらかくなったら、手でもんで細かくしたかつお節を入れて火を止めてできあがり。

☆ここがコツ！
すぐに火が通ってやわらかくなります。
熱々でも、冷やしても、どちらもおいしい。

調理時間 **10**分
ダイナミックに焼いて、かぶりつく幸せ。
ズッキーニのチーズ焼き

●材料
ズッキーニ………1本
にんにく（すりおろし）………1かけ分
オリーブオイル………大さじ1
塩、こしょう………各適宜
溶けるチーズ………適宜

●作り方
①ズッキーニは食べやすく切って耐熱容器に並べ、にんにくとオリーブオイルと塩、こしょうをまぶして、溶けるチーズをふる。
②オーブントースターでおいしそうな焼き色がつくまで焼く。

☆ここがコツ！
焼くときに乾燥しやすいので、オリーブオイルを必ずかけてください。
少し歯ごたえがあるくらいがおいしい。

調理時間 **8**分
イタリアのマンマの味。
ズッキーニのトマト煮

●材料
ズッキーニ（輪切り）………1本分
オリーブオイル………大さじ1
にんにく（みじん切り）………1かけ分
ベーコン（細切り）………2枚分
玉ねぎ（薄切り）………1/2個分
トマト（ざく切り）………2個分
塩、こしょう………各適宜

●作り方
①鍋にオリーブオイルとにんにくを入れて火にかけ、いい香りがしてきたらベーコンと玉ねぎ、ズッキーニを入れて炒める。
②トマトを上にのせてふたをし、蒸し煮にする。
③全体がクタッとやわらかくなったら塩、こしょうで味を調えてできあがり。

☆ここがコツ！
トマトがすっぱいときは、仕上げにみりん少々を加えてください。
パスタや、ソテーした肉や魚のソースとしても使えます。

スナップえんどう

シャキシャキとした食感と、甘い香りで人気があります。クタッと煮てしまうより、その食感を生かして、「さっと調理」がおいしいと思います。筋があるので、最初に取ってから調理しましょう。

調理時間 5 分
シャキシャキの歯ごたえが命。
スナップえんどうのさっと炒め

●材料
スナップえんどう………1パック
オリーブオイル………大さじ1
塩、こしょう………各適宜

●作り方
①フライパンにオリーブオイルを熱し、塩を入れて、筋を取ったスナップえんどうを入れる。
②ふたをして蒸し焼きにし、好みのかたさになったら、こしょうをしてできあがり。

☆ここがコツ！
オリーブオイルに塩を入れてからスナップえんどうを入れると、全体に塩がまんべんなく回り、パーッと鮮やかな緑色になります。蒸し時間は20〜30秒くらい。

調理時間 3 分
蒸しゆでだから、びっくりするくらい甘い。
スナップえんどうのマヨネーズサラダ

●材料
スナップえんどう………1パック
水………大さじ2〜3
塩………ひとつまみ
マヨネーズ………適宜
牛乳またはヨーグルト………適宜

●作り方
①マヨネーズに牛乳かヨーグルトを混ぜてとろりとした濃さにする。
②フライパンに水と塩を入れて火にかけ、沸騰したら筋を取ったスナップえんどうを入れる。
③ふたをして蒸しゆでにし、好みのかたさになったら取り出して、上から①をかける。

☆ここがコツ！
フライパンの水が沸騰してから、スナップえんどうを入れ、すぐにふたをしてください。蒸し時間は20〜30秒。余熱でも火が入るので、蒸しすぎに注意。

調理時間 6 分
甘辛味も意外に合う。
スナップえんどうと豚肉の炒め物

●材料
スナップえんどう………1パック
ごま油………大さじ1
にんにく（包丁の背でつぶす）
　………1かけ分
豚もも薄切り肉（一口大に切る）
　………150g
A) しょうゆ………大さじ1
　はちみつ………大さじ1
塩、こしょう………各適宜

●作り方
①豚肉にAをもみこむ。
②フライパンにごま油の半量と塩少々を入れて火にかけ、筋を取ったスナップえんどうをさっと炒めたら一度取り出す。
③あいたフライパンに残りのごま油とにんにくを入れて火にかけ、いい香りがしてきたら豚肉を入れて炒める。
④豚肉に火が通ったら、スナップえんどうを戻し入れ、塩、こしょうで味を調えてできあがり。

☆ここがコツ！
炒めたスナップえんどうを一度取り出し、最後に戻し入れるとシャキシャキ感がそのまま残ります。

セロリ

茎と葉の境目のところを外側にポキッと折ると、筋の端が現れるので、手前に引いて筋を取りましょう。葉は茎の2倍のカロテンを含んでいるので、上手に食べきってください。

調理時間 **1** 分

漬物のような、あえもののような…。
セロリのおかかあえ (写真ⓐ)

●材料
セロリ………2本
かつお節………適宜
しょうゆ………大さじ1

●作り方
セロリは食べやすい大きさに切って、手でもんで細かくしたかつお節としょうゆであえる。

☆ここがコツ！
しょうゆとおかかを混ぜるだけ。
あえてすぐでも、
しばらくつけ込んでもOK。

調理時間 **3** 分

もう葉っぱは捨てない。
セロリの葉のじゃこ炒め (写真ⓒ)

●材料
セロリの葉(ざく切り)……1〜2本分
ごま油………大さじ1
ちりめんじゃこ………30g
しょうゆ………少々
すりごま………好みで

●作り方
①フライパンにごま油を熱し、セロリの葉を炒める。
②しなっとなったら、ちりめんじゃこを入れ、しょうゆで味を調えてごまをふればできあがり。

☆ここがコツ！
ごま油で炒めることで、おいしくなります。
しょうがを加えたり、七味唐辛子を入れて
ピリ辛にしてもおいしいです。

調理時間 **1** 分(つけ時間を含まず)

シャキシャキの食感があとをひく。
セロリの昆布漬け (写真ⓑ)

●材料
セロリ………2本
水………1カップ
塩………小さじ1
酢………大さじ4
昆布(細切り)………1cm×10cm分

●作り方
セロリは食べやすく切って、ほかの材料と混ぜ合わせてつけ込む。1時間くらいで食べられる。

☆ここがコツ！
ビニール袋にすべての材料を入れ、
中の空気を抜いて
口をしばって冷蔵庫へ。
省スペースの簡単漬物のできあがり。

調理時間 15 分

極上の香りをぜひ味わって！
セロリのスープ

●材料
セロリ（斜め切り）………1本分
オリーブオイル………大さじ1
ベーコン（細切り）………2枚分
水………2カップ
昆布（細切り）………1cm×10cm分
塩、こしょう………各適宜

●作り方
①鍋にオリーブオイルを熱しベーコンとセロリを炒めたら、水と昆布を入れてふたをする。
②沸騰したら火を弱め、セロリがクタッとなるまで煮て、塩、こしょうで味を調えたらできあがり。

☆ここがコツ！
スープを煮るときはごくごく弱火。表面がふつふついわないくらいの火加減でふたをして煮ると透き通ったおいしいスープになります。

調理時間 6 分

セロリの香りが生きるシンプル焼きそば。
セロリの焼きそば

●材料
セロリ（斜め切り）………2本分
ごま油………大さじ1
豚もも薄切り肉（一口大に切る）
………100g
A）しょうゆ………大さじ1
　　はちみつ………大さじ1
焼きそば………2玉
塩、こしょう………各適宜

●作り方
①豚肉はAで下味をつけておく。
②フライパンにごま油の半量を熱し、セロリをさっと炒めて取り出す。
③あいたフライパンに残りのごま油を入れて豚肉を炒めたら、焼きそばも入れて、塩、こしょうで味を調える。
④最後にセロリを戻し入れてできあがり。

☆ここがコツ！
セロリは少し厚めに切ったほうが、香り、歯ごたえともに生きます。塩、こしょうで味を調えて。

調理時間 15 分

くたくたに煮えたセロリもうまい。
セロリとソーセージのトマト煮

●材料
セロリ………2本
トマト………2個
ソーセージ………5～6本
塩、こしょう、みりん
　　………各適宜
ケチャップ………好みで

●作り方
① 食べやすく切ったセロリとトマトのすりおろしを鍋に入れ、ふたをして火にかける。
②セロリがクタッとなるまで弱火で煮たら、ソーセージを加え、塩、こしょう、みりんで味を調える。好みでケチャップを添える。

☆ここがコツ！
すりおろしたトマトの水分だけで煮ますが、トマトがないときはトマトジュースで煮てもいい。好みでタバスコをふってもおいしい。

☆ここがコツ！
縦半分に切ることで
生のときに薄皮を取ることができます。
蒸しゆで時間は30秒〜1分ほど。加熱オーバーに注意。

調理時間 **6** 分
おろしであえるだけでごちそうに。
そら豆のおろしあえ
(写真ⓐ)

●材料
そら豆(さやから出したもの)
　………1カップ
水………1/2カップ
塩………小さじ1
大根おろし………適宜
ポン酢じょうゆ………適宜

●作り方
①そら豆は縦半分に切って、薄皮を取る。
②フライパンに水と塩を入れて火にかけ沸騰したら、そら豆を入れてふたをする。
③そら豆に火が通ったら、大根おろしと混ぜて、ポン酢じょうゆをかける。

調理時間 **2** 分
枝豆より食べごたえがある。
そら豆の塩ゆで (写真ⓑ)

●材料
そら豆(さやつき)
　………500gくらい
水………1/2カップ
塩………小さじ1

☆ここがコツ！
あっという間に火が通ります。やわらかくなりすぎるとおいしさが半減します。ちょっとかためくらいがちょうどいいですね。

●作り方
①そら豆はさやをぎゅっとねじるようにして取り出す。
②皮つきのまま縦半分に切る。
③フライパンに水と塩を入れて火にかけ沸騰したら、そら豆を入れてふたをする。
④30秒〜1分ほどたったら1つ食べてみて、好みのかたさになっていればざるにあげる。好みでさらに塩(分量外)をふっても。

そら豆

さやにハリとツヤのあるものを選びましょう。薄皮のままゆでるときは、黒い部分に切り込みを入れるか、縦半分に切ってから蒸しゆでにすると、むきやすいです。火が通りやすいので要注意。

調理時間 **20** 分
香川名物しょうゆ豆風。
そら豆の甘辛煮

●材料
そら豆(さやから出したもの)
　………1カップ
水………1カップ
しょうゆ………大さじ2
みりん………大さじ1

●作り方
①そら豆は黒い部分だけを包丁で取り除く。
②鍋にすべての材料を入れ、落としぶたをして火にかけ、弱火で10〜15分煮る。
③火を止めて、ときどきかき混ぜながら味をしみ込ませる。

☆ここがコツ！
火を止めてしばらくおくことで、中まで味がしみ込みます。

調理時間 **2**分

かために仕上げるのがミソ！
そら豆のピリ辛炒め

●材料
そら豆（さやから出したもの）
　………1カップ
ごま油………大さじ1
たかのつめ（輪切り）………1本分
塩………適宜

●作り方
①そら豆は縦半分に切って、薄皮を取る。
②フライパンにごま油とたかのつめを入れて火にかけ、そら豆をさっと炒めてふたをし、好みのかたさになったら塩を入れてできあがり。

☆ここがコツ！
かために蒸し焼きにしたものに、七味唐辛子をふってもおいしい。

調理時間 **2**分

にんにくの香りがたまりません。
そら豆のにんにくしそ炒め

●材料
そら豆（さやから出したもの）
　………1カップ
オリーブオイル………大さじ1
にんにく（みじん切り）………1かけ分
塩、こしょう………各適宜
青じそ（せん切り）……10枚分くらい

●作り方
①そら豆は縦半分に切って、薄皮を取る。
②フライパンにオリーブオイルとにんにくを入れて火にかけ、いい香りがしてきたら、そら豆を入れる。
③ふたをして蒸し焼きにし、そら豆に火が通ったら塩、こしょうで味を調え、最後に青じそを混ぜてできあがり。

☆ここがコツ！
しそは火を止めてからひと混ぜする。

★バリエーション
パスタに混ぜれば、そら豆パスタのできあがり。

調理時間 **2**分

やわらかいそら豆にふわふわ卵。
そら豆のスクランブルエッグ

●材料
そら豆（さやから出したもの）
　………1カップ
バター………大さじ1
ベーコン（細切り）………2枚分
卵………2個
塩、こしょう………各適宜

●作り方
①そら豆は縦半分に切って、薄皮を取る。
②フライパンにバターを熱し、ベーコンとそら豆をさっと炒める。
③ふたをしてそら豆に火が通ったら、塩、こしょうを入れて溶いた卵を一気に流し入れる。
④卵が好みのかたさになったらできあがり。

☆ここがコツ！
そら豆はやわらかめに加熱すれば、まるでじゃがいものような食感と味。

大根

葉つきのものを買ったら、まず葉を落とすことで身にすが入るのを防げます。煮物には皮ごと使っても問題なし。大根おろしは皮をむいたほうが甘いです。先っぽはおろして辛み大根がわりに。

調理時間 **3** 分（油揚げを焼く時間を含まず）

シャキシャキ大根のうまさ。

大根と油揚げのパリパリサラダ

●材料
大根（せん切り）………1/4本分くらい
油揚げ………1枚
ポン酢じょうゆ………適宜

●作り方
①油揚げはオーブントースターで焼いてカリカリになったら、細切りにして、大根の上にかける。
②ポン酢じょうゆをかけてできあがり。

☆ここがコツ！
せん切りにした大根は、塩でもんでもおいしいですが、生で食べるのもいけます。

調理時間 **3** 分

マヨネーズ味もおいしいんです。

大根としそのマヨネーズサラダ

●材料
大根（せん切り）………1/4本分くらい
塩………少々
青じそ（せん切り）………10枚分
マヨネーズ………適宜

●作り方
①大根は塩でもみ、水けを絞る。
②しその半量とともにマヨネーズであえ、器に盛りつけたら上から残りのしそを飾る。

☆ここがコツ！
時間がたつと水が出るので、できたてをどうぞ。

調理時間 **6** 分

こんな肴なら、ヘルシーにお酒が楽しめる。

大根とじゃこの塩炒め

●材料
大根（太めのせん切り）
　………1/4本分くらい
ごま油………大さじ1
にんにく（みじん切り）………1かけ分
たかのつめ（輪切り）………好みで
ちりめんじゃこ………30g
塩、こしょう………各適宜
レモン………好みで

●作り方
①フライパンにごま油とにんにくとたかのつめを入れて火にかけ、いい香りがしてきたら大根を入れて炒める。
②大根がしなっとなったら、ちりめんじゃこを加え、塩とこしょうで味を調えたらできあがり。好みでレモンを添える。

☆ここがコツ！
ちりめんじゃこは最後に入れて、加熱しすぎないこと。

調理時間 2 分（つけ時間を含まず）

ご飯のお供に最適。
大根の漬物
（写真ⓐ）

● 材料
大根（いちょう切り）
　………¼本分くらい
しょうゆ………大さじ4
昆布（細切り）………1cm×10cm分
ゆずの皮（細切り）………適宜

● 作り方
①大根をビニール袋に入れ、しょうゆと昆布を入れて上からもみもみする。
②口をしばってしばらくつける。
③食べる直前にゆずの皮を入れる。

☆ここがコツ！
ゆずの皮は、
食べる直前に入れないと
苦くなります。

調理時間 2 分（つけ時間を含まず）

焼き肉屋さんの人気メニュー。
大根のカクテキ（写真ⓑ）

● 材料
大根………¼本くらい
塩………小さじ1～2
A）りんご（すりおろし）
　………¼個分
　にんにく（すりおろし）
　………1かけ分
　しょうが（すりおろし）
　………1かけ分
粉唐辛子………適宜
しょうゆ、酢………各大さじ1
ちりめんじゃこ………20gくらい

● 作り方
①大根はさいころ状に切って塩をふり10分ほどおく。
②軽く水けを絞ったらAを混ぜる。1時間くらいしたら食べられる。

☆ここがコツ！
最初に塩をして、
水けを出すことで
水っぽくなるのを防げます。

調理時間 15 分

しみじみ心と体にしみわたる味。
大根と厚揚げの煮物

● 材料
大根（いちょう切り）
　………¼本分くらい
厚揚げ（食べやすい大きさに切る）
　………1枚分
煮干し………5尾くらい
昆布（細切り）………1cm×10cm分
水………2カップ
しょうゆ………大さじ1
塩………小さじ1
みりん………大さじ2

● 作り方
土鍋（または厚手の鍋）にすべての材料を入れて火にかけ、煮立ったら火を弱めて5分ほど煮て、あとは火を止めて余熱で中まで火を通す（鍋ごとタオルでくるんでも）。

☆ここがコツ！
土鍋などの厚手の鍋を使えば煮物も簡単。
じわじわと冷めるときに味が中までしみわたるのです。

たけのこ

市販の水煮なら一年中楽しめます。旬の時期なら、新鮮なうちに下ゆでします。縦半分に切り皮をむき、米ぬかの入った湯、または米のとぎ汁でやわらかくなるまで煮て、そのまま冷まして使います。

調理時間 15分

お花見弁当のおかずにぴったり。

たけのこと鶏肉だんごの甘辛煮

● 材料
- たけのこ（市販の水煮）……300g
- A）鶏ひき肉………300g
-   卵………1個
-   しょうゆ………小さじ1
-   片栗粉………大さじ1
-   しょうが汁………1かけ分
-   長ねぎ（みじん切り）……1本分
- B）水………2カップ
-   しょうゆ………大さじ4
-   みりん………大さじ4
- 木の芽………あれば

● 作り方
① Aをボールに入れて、粘りが出るまでよく練る。
② 鍋にBを入れて火にかけ、沸騰したところで①を丸めながら落としていく。
③ 全部入ったら、一度ふたをして2～3分煮る。
④ 肉だんごにざっと火が通ったら、食べやすい大きさに切ったたけのこをその上に入れ、落としぶたをして煮る。
⑤ 途中混ぜながら、煮汁が全体にからまるくらいまで煮つまったらできあがり。あれば木の芽を添える。

☆ここがコツ！
煮汁で肉団子を煮ている上にたけのこを入れたら、落としぶたをするのがポイント。全体にムラなく味がいきわたります。

☆ここがコツ！
旬の時期はゆでるのが一番。
ゆでたたけのこは水につけた状態で冷蔵庫で保存。
毎日水を替えれば1週間くらいはもちます。

調理時間 2分

旬のたけのこならではのおいしさ。

たけのこのさっと炒め

● 材料
- たけのこ（市販の水煮）……300g
- ごま油………大さじ1
- 塩、こしょう………各適宜
- 粉山椒………あれば

● 作り方
たけのこは薄切りにし、ごま油を熱したフライパンで炒め、塩、こしょうで味を調える。あれば粉山椒をふる。

調理時間 15分

おかかしょうゆをからめた定番煮物。

たけのこの土佐煮

● 材料
- たけのこ（市販の水煮）……300g
- 水………1カップ
- しょうゆ………大さじ1
- みりん………大さじ1
- かつお節………たっぷり

● 作り方
① たけのこは、食べやすい大きさに切り、水としょうゆ、みりんとともに鍋に入れ、落としぶたをして火にかける。
② 10分ほど弱火で煮たら、ふたをとって水分を飛ばし、最後に手でもんで細かくしたかつお節を混ぜてできあがり。

☆ここがコツ！
たけのこを薄く切れば、もっと早く仕上げることができます。

調理時間 3 分

バターとたけのこ？ 意外に合うんです。
たけのこのバター炒め

●材料
たけのこ（市販の水煮）……300g
バター………大さじ1
しょうゆ………適宜
木の芽………あれば

●作り方
①たけのこは食べやすい大きさに切る。
②フライパンにバターを熱して、たけのこをさっと炒める。
③しょうゆをからめてできあがり。あれば木の芽を飾る。

☆ここがコツ！
薄く切ったほうが、
バターの風味が全体にいきわたりますが、
大きく切って
ほんのりバター風味というのもおいしいです。

調理時間 3 分（炊飯時間を含まず）

鶏肉とオイスターソースの旨みたっぷりのごちそうご飯。
たけのこと鶏肉の中華風炊き込みご飯

●材料
たけのこ（市販の水煮）……200g
鶏もも肉………1枚
しょうゆ………大さじ1
ごま油………大さじ1
長ねぎ（みじん切り）………1本分
米………2カップ
水………2カップ
しょうが汁………1かけ分
オイスターソース………大さじ2

●作り方
①鶏肉は小さめに切り、しょうゆをよくもみこんでおく。
②フライパンにごま油を熱し、鶏肉にジュッと香ばしい焼き色をつけたら、ねぎとたけのこも入れてさらに炒める。
③洗った米も入れて炒めたら炊飯器の内釜に入れる。
④水、しょうが汁、オイスターソースも入れて炊く。

☆ここがコツ！
鶏肉に下味をつけ、
香ばしい焼き色をつけてから
炊き込むのがコツ。
鶏肉がだしがらになりません。
ご飯も鶏肉も全部おいしい。

調理時間 5 分

鶏ひき肉の旨みで、だしいらず。
おかず風若竹汁

●材料
たけのこ（市販の水煮）……200g
ごま油………小さじ1
鶏ひき肉………50g
水………2カップ
梅干し………1個
カットわかめ………50g くらい
しょうゆ………適宜

●作り方
①鍋にごま油を熱して、薄切りのたけのこ、ひき肉の順に炒めたら、水と梅干しを入れる。
②沸騰してきたら、カットわかめをそのまま入れ、やわらかくなるまで煮る。
③梅干しをつぶして味をみて、足りないようならしょうゆを加える。

☆ここがコツ！
梅干しを加えることで、鶏肉の臭みが消え、さっぱりと食べられます。
梅干しは少し煮るとやわらかくなるので、汁の中で簡単につぶれます。

玉ねぎ

玉ねぎの辛さはさっと加熱するだけで甘さに変わりますから、生の玉ねぎが苦手な人でも大丈夫。玉ねぎの繊維に平行に切ればシャキシャキに、直角に切ればとろとろの食感が楽しめます。

調理時間 10分

シャキッとしていて驚くほど甘い。
玉ねぎのホイル焼き

●材料
- 玉ねぎ（ざく切り）………1個分
- ごま油………大さじ1
- 塩………少々
- かつお節………適宜
- ポン酢じょうゆ………適宜

●作り方
① 玉ねぎはアルミホイルにのせ、ごま油と塩をふって包む。
② 魚焼きグリル、またはオーブントースターに入れて、やわらかくなるまで焼く。
③ かつお節とポン酢じょうゆをかけてできあがり。

☆ここがコツ！
蒸し焼きにすることで、炒めたのとは違う甘みが出ます。

調理時間 5分

ソースマヨネーズがよく合う。
玉ねぎのステーキ

●材料
- 玉ねぎ（厚めの輪切り）……1個分
- バター………大さじ1
- とんかつソース………適宜
- マヨネーズ………適宜
- かつお節………好みで

●作り方
① フライパンにバターを熱して、玉ねぎを入れてふたをして焼く。
② 玉ねぎがやわらかくなったら、ソースとマヨネーズをかけてできあがり。好みでかつお節をかけても。

☆ここがコツ！
ふたをして蒸し焼きにすることで、甘くやわらかくなります。弱火でじっくり加熱してください。

調理時間 10分

安上がりなのに、この満足感！
玉ねぎと鶏ひき肉のピカタ

●材料
- 玉ねぎ（薄切り）………1個分
- 鶏ひき肉………200g
- しょうゆ………小さじ1
- 卵………1個
- 水………少々
- 小麦粉………大さじ4
- ごま油………大さじ1

●作り方
① ひき肉はしょうゆを混ぜておく。
② 卵を溶きほぐしたところに水を加えてから小麦粉を混ぜ、玉ねぎとひき肉を混ぜる。
③ ごま油を熱したフライパンにスプーンで②を流しながら、両面をこんがり焼けばできあがり。

☆ここがコツ！
あらかじめひき肉に味をつけておくことで、仕上がりの味がぼけません。
薄く広げて焼くほうが、早く火が通ります。

調理時間 2 分（水にさらす時間を含まず）

パンにのせても酒の肴にも。
オニオンスライスサラダ

●材料
- 玉ねぎ（薄切り）………1個分
- ツナ………小1缶
- マヨネーズあるいはポン酢じょうゆ………好みで

●作り方
① 玉ねぎは水にさらす。
② 玉ねぎと油をきったツナを混ぜ、好みでマヨネーズかポン酢じょうゆをかける。

☆ここがコツ！
長くおくと玉ねぎから水が出てくるので、できたてをどうぞ。

調理時間 20 分

こっくり豚ばら肉ととろとろ玉ねぎの絶妙なコンビ。
玉ねぎと豚ばら肉の甘辛煮

●材料
- 玉ねぎ（薄切り）………1個分
- 豚ばら肉（細切り）………150g
- 水………1カップ
- 昆布（細切り）………1cm×10cm分
- しょうゆ………大さじ4
- みりん………大さじ4
- みつば………適宜

●作り方
① 水と昆布、しょうゆ、みりんを鍋に入れて火にかけ、煮立ったら玉ねぎと豚肉を入れ、ふたをして弱火で煮る。
② 玉ねぎと豚肉がとろりとやわらかく煮えたら、みつばを飾ってできあがり。

☆ここがコツ！
ぴったり閉まるふたをしてください。
ふたが閉まらないと、なかなかとろとろに煮えません。

調理時間 8 分

食べたいときにパパッとできる。
玉ねぎカレー丼

●材料
- 玉ねぎ（薄切り）………1個分
- 豚ひき肉………100g
- ごま油………大さじ1
- A）水………1カップ
  - しょうゆ………大さじ3
  - みりん………大さじ3
- 水溶き片栗粉………適宜
- カレー粉………適宜
- ご飯………適宜

●作り方
① フライパンにごま油を熱しひき肉を炒めたら、玉ねぎも炒める。
② Aを加えたらふたをし、玉ねぎがとろりとやわらかくなるまで弱火で煮る。
③ カレー粉を混ぜた水溶き片栗粉でとろみをつけたらご飯にかけてできあがり。

☆ここがコツ！
カレー粉入りの水溶き片栗粉でとろみをつけることで、あっという間にカレー味。

チンゲンサイ

茎の部分は、3〜4cm長さに切り落としてから、くし形に切るもよし、1枚1枚はがして切るもよしです。味にクセがなく、あくがないので、下ゆでいらず。いきなり炒めても煮てもOKです。

調理時間 6分

和風の煮物だっておいしいんです。

チンゲンサイと油揚げの煮物

●材料
チンゲンサイ（ざく切り）……2株分
油揚げ（短冊切り）……1枚分
A）水……1カップ
　　しょうゆ……大さじ2
　　みりん……大さじ2
かつお節……適宜

●作り方
①鍋に油揚げとAを入れて火にかけ、ふたをして5分ほど煮る。
②油揚げに味がしみ込んだらチンゲンサイを入れ、再びふたをして蒸し煮にする。
③チンゲンサイがクタッとなったら、手でもんで細かくしたかつお節を入れて火を止めて、できあがり。

☆ここがコツ！
先に油揚げを煮て、あとからチンゲンサイを加えるのがポイント。軸を先に入れて、葉をあとから入れると、ちょうどいい具合に煮える。

調理時間 10分

あくがないから、切るだけでOK。

チンゲンサイと肉団子のスープ

●材料
チンゲンサイ（ざく切り）……1株分
水……2カップ
昆布（細切り）……1cm×10cm分
A）豚ひき肉……150g
　　卵……1個
　　しょうゆ……小さじ1
　　片栗粉……小さじ1
しょうゆ、塩、こしょう……各適宜

●作り方
①Aをよく混ぜる。
②水と昆布を鍋に入れて火にかける。
③②が沸騰したら①をスプーンですくいながらスープに落とす。
④チンゲンサイを入れたらしょうゆ、塩、こしょうで味を調えてできあがり。

☆ここがコツ！
肉団子に火が通ってから、最後にチンゲンサイを入れ、パーッと色が鮮やかになったらOK。茎の部分だけ最初から入れて、やわらかく煮てもおいしい。

調理時間 5分

牛乳だけなのに、濃厚なこの旨さ。

チンゲンサイとベーコンのクリーム煮

●材料
チンゲンサイ（ざく切り）……2株分
バター……大さじ1
ベーコン（細切り）……2枚分
牛乳……1カップ
塩、こしょう……各適宜
水溶き片栗粉……適宜

●作り方
①フライパンにバターを熱し、ベーコンをさっと炒める。
②チンゲンサイも入れてさっと炒めたら、ふたをして1〜2分蒸し焼きにする。
③牛乳を加えてひと煮立ちしたら塩、こしょうで味を調え、水溶き片栗粉でとろみをつけてできあがり。

☆ここがコツ！
チンゲンサイをさっと炒めたあと、ふたをして蒸し焼きにすることでチンゲンサイの旨みが引き出せます。牛乳を入れてからは手早く。

調理時間 ②分

蒸しゆでだから、水っぽくなくて味が濃い。
チンゲンサイのおひたし

●材料
チンゲンサイ（ざく切り）……2株分
水………大さじ2〜3
塩………少々
しょうが（みじん切り）………1かけ分
にんにく（みじん切り）………1かけ分
しょうゆ………適宜
ごま油………適宜

●作り方
①フライパンに水と塩を入れて火にかけ、ふつふつしてきたらチンゲンサイを入れてふたをする。
②チンゲンサイがしなっとなったら、ふたをずらして水を切り、器に出す。
③しょうが、にんにくとしょうゆ、ごま油であえてできあがり。

☆ここがコツ！
塩を少々入れて蒸します。
火は中火くらい、あまり強いと焦げつきます。

調理時間 ②分

あんかけ風にするのが口当たりとろりの秘密。
チンゲンサイのシンプル炒め

●材料
チンゲンサイ（ざく切り）………2株分
ごま油………大さじ1
しょうが（せん切り）………1かけ分
水………1/2カップ
塩、こしょう………各適宜
水溶き片栗粉………適宜

●作り方
①フライパンにごま油としょうがを入れて火にかけ、いい香りがしてきたらチンゲンサイを入れてさっと炒める。
②水を加えてふたをして蒸し煮にし、チンゲンサイがクタッとなったら、塩、こしょうで味を調え、水溶き片栗粉でとろみをつける。

☆ここがコツ！
水が出るのを嫌うよりは、わざと水を入れて蒸し煮にし、とろみをつけることで、口当たりがぐんとよくなります。

調理時間 ③分

シンプル野菜炒めに飽きたら、この料理。
チンゲンサイのエスニック炒め

●材料
チンゲンサイ（ざく切り）………2株分
ごま油………大さじ1
長ねぎ（みじん切り）………1本分
にんにく（すりおろし）………1かけ分
たかのつめ（輪切り）………1本分
オイスターソース………大さじ1

●作り方
①フライパンにごま油を熱し、ねぎをよく炒める。
②ねぎがきつね色になったら、にんにくとたかのつめを入れてさっと炒め、オイスターソースで味つけする。
③チンゲンサイを入れたらすぐにふたをして蒸し焼きにする。
④チンゲンサイがクタッとなったら、全体を混ぜてできあがり。

☆ここがコツ！
チンゲンサイを入れてからはさっと手早く。
ふたはぴったり閉まるものを。

調理時間 ⑤分

豚肉の旨みがたっぷりからまったおいしさ。
チンゲンサイと豚ばら肉の炒め物

●材料
チンゲンサイ（ざく切り）………2株分
豚ばら肉（細切り）………100g
塩、こしょう………各適宜

●作り方
①フライパンをよく熱したところに豚肉を入れ、脂が出てカリッとなるまで炒める。
②出てきた脂でチンゲンサイをさっと炒め、塩、こしょうで味を調えたらできあがり。

☆ここがコツ！
フライパンをよーく熱したところに豚肉を入れ、豚肉から脂がにじみ出てくるまで待ってひと混ぜ。
このやり方だと豚肉がフライパンにくっつきません。

長いも

長いもイコールとろろの固定観念を捨てると、驚くほど料理の幅が広がります。皮をむかなきゃと思いがちですが、焼いたり炒めたりするときは、逆に皮が香ばしくておいしいからぜひそのままで。

調理時間 **3** 分

長いものシャキッとりんごのシャキッ。似てるけど違う!
長いもとりんごのサラダ

●材料
長いも………300g くらい
りんご………1/2個
塩………小さじ1/2
レモン………好みで

●作り方
①長いもは皮をむいて半月切りにし、りんごは皮つきのまま同じくらいのいちょう切りにする。
②塩をまぶして、5分ほどおく。
③器に盛り、好みでレモンを添える。

☆ここがコツ!
長いもとりんごを
同じくらいの厚さに切るのがコツ。
口の中で微妙に違う2つのシャキッが楽しい。

調理時間 **3** 分

長いもをバターで炒める!?
長いものバターソテー

●材料
長いも………200g くらい
バター………大さじ1
塩、こしょう………各適宜

●作り方
①長いもは皮つきのまま食べやすい大きさに切る。
②フライパンにバターを熱し、長いもを炒める。
③こんがりおいしそうな焼き色がついたら、塩、こしょうで味を調えてできあがり。

☆ここがコツ!
長いもの端のほうが
ちょっときつね色になるくらい、
こんがり炒めたほうがおいしいです。
もちろん皮つきのままで。

調理時間 **2** 分

袋の中でたたいて砕くから、手がネバネバせずに作れる。
長いものネバネバサラダ

●材料
長いも………300g くらい
A) 乾燥めかぶまたは納豆こんぶ
　………20g くらい
　水または湯………1/2カップ
　しょうゆ………大さじ1
　酢………大さじ1

●作り方
①長いもは皮をむいてビニール袋に入れ、袋の上から、めん棒でたたいて砕く。
②Aを混ぜたものを上からかければできあがり。

☆ここがコツ!
長いもの砕き加減は好みで。
多少、粒が残っているくらいがシャリシャリしておいしい。
市販のもずく酢などをかけてもおいしい。

調理時間 **8** 分（焼き時間を含む）

長いもがおしゃれな洋風料理に大変身！

長いものチーズ焼き

●材料
長いも………200gくらい
マヨネーズ………大さじ2
牛乳………大さじ2
粉チーズ………たっぷり

☆ここがコツ！
長いもは、厚く切っても
薄く切っても、どちらでもおいしい。
チーズはピザ用チーズでも。

●作り方
①長いもは皮つきのまま薄切りにして耐熱容器に広げて入れる。
②マヨネーズを牛乳でのばしたものを上からかけ、粉チーズをたっぷりとふる。
③オーブントースターでおいしそうな焼き色がつくまで焼く。

調理時間 **8** 分

焼いたとろろのもちもち感が最高。

長いものチヂミ風

●材料
長いも………200gくらい
塩………少々
小麦粉………大さじ2
桜えび（刻む）………20gくらい
ごま油………大さじ1
しょうゆ、ラー油、粉唐辛子など
　………好みで

☆ここがコツ！
ビニール袋の中で全部混ぜたら、
袋の端を切って絞り出します。
これなら手が汚れず、超ラクラク。

●作り方
①長いもは皮をむき、ビニール袋に入れて細かく砕き、塩と小麦粉、桜えびを混ぜる。
②フライパンにごま油を熱し、袋の端から絞り出す。
③両面をこんがり焼いたら、好みでラー油や唐辛子を入れたしょうゆをかけてできあがり。

調理時間 **6** 分

八杯食べても飽きないおいしさ。

長いもの八杯汁

●材料
長いも………200gくらい
水………4カップ
昆布（細切り）………1cm×10cm分
しょうゆ、塩………各適宜
絹ごし豆腐………½丁
しめじ………1パック
かつお節………適宜
みつば………適宜

☆ここがコツ！
長いもは器の上ですりおろすと早い。
長いもは好みで、生のままでも、少し火を通してモチッとさせても。
あまり煮すぎないほうがおいしいです。

●作り方
①鍋に水と昆布を入れて火にかける。
②沸騰したら、しょうゆと塩でちょっと濃い目に味を調え、豆腐としめじを加え、最後に手でもんで細かくしたかつお節を入れる。
③器に盛って、すりおろした長いもを入れる。最後にみつばを散らしてできあがり。

長ねぎ

長ねぎを薬味野菜と思っていたら大間違い。煮ても炒めても生でも、充分主役になれるくらいおいしいんです。ここでは、甘くてやわらかい関西の青ねぎではなく、関東の白ねぎを使ってみました。

☆ここがコツ！
オーブントースターで焼くのがめんどうくさいときは、フライパンの中に直接溶けるチーズを入れて、とろりとなったところを器に移してもOK。

調理時間 4分（焼き時間を含まず）

ホワイトソースでとろりと煮えたねぎの甘さにびっくり。

長ねぎのグラタン

●材料
- 長ねぎ……2～3本
- バター……大さじ1
- 小麦粉……大さじ1
- 牛乳……1カップ
- 塩、こしょう……各適宜
- ハム（細切り）……1パック分
- 溶けるチーズ……適宜

●作り方
① ねぎは縦半分に切ってから食べやすい長さに切る。
② フライパンにバターを入れ、ねぎを炒める。
③ しんなりしたら小麦粉をふり入れ、粉っぽいところがなくなったら牛乳を入れる。
④ 弱火で混ぜながら加熱し、とろみがでたら塩、こしょうで味を調えてハムを入れる。
⑤ 耐熱容器に移して、溶けるチーズをかけ、オーブントースターでこんがり焼けばできあがり。

調理時間 20分

ねぎの青いところはもう捨てない!!

長ねぎギョーザ

●材料
- 長ねぎ（青い部分をみじん切り）……3～4本分
- 塩……少々
- 豚ひき肉……100g
- しょうゆ……適宜
- ごま油……適宜
- ギョーザの皮……1袋

●作り方
① ねぎの青いところを塩でもんでおく。
② ひき肉はしょうゆとごま油を混ぜ、ねっとりしたら、①のねぎを混ぜる。
③ ギョーザの皮で包んで、フライパンで焼けばできあがり。

☆ここがコツ！
ごま油を熱したフライパンにギョーザを並べたら、下がちょっと焦げるまで待って、湯½カップを入れてふたをして蒸し焼き。5分ほどそのまま蒸したら、あとはふたを取って、水分がなくなるまで中火で焼きつづけてください。

☆ここがコツ！
豚肉はばら肉でもOK。
好みで最後にラー油などをかけて、ピリ辛にしてもおいしい。

調理時間 15分

たっぷりのねぎもぺろりと完食！

長ねぎと豚肉のクタクタ煮

●材料
- 長ねぎ（斜め薄切り）……2本分
- 豚ロース薄切り肉（一口大に切る）……100g
- しょうゆ……大さじ1
- 水……½カップ
- 塩……小さじ½
- ごま油……好みで

●作り方
① 豚肉にしょうゆをもみこむ。
② 鍋に水を入れて火にかけ、沸騰したら、豚肉とねぎを交互に入れてふたをする。
③ 豚肉とねぎがクタッとやわらかくなったら、塩で味を調える。
④ 最後に好みでごま油を回し入れてできあがり。

調理時間 **4** 分

ねぎも油揚げも、焼くことでうまさが増す!!
長ねぎと油揚げの焼きびたし

●材料
長ねぎ（ぶつ切り）………1本分
油揚げ………2枚
A）水………1/2カップ
　しょうゆ………大さじ1
　みりん………大さじ1
　かつお節………適宜
　七味唐辛子………好みで

●作り方
①フライパンを熱して、油揚げとねぎをこんがり焼く。
②油揚げは取り出して食べやすく切り、ねぎは途中ふたをして中まで火を通して取り出す。
③あいたフライパンにAを入れて煮立たせ、熱々を油揚げとねぎの上からかけてつけ込む。

☆ここがコツ！
フライパンで焼くときは、油をひかなくても大丈夫。
ちょっと生っぽいくらいの焼き具合もおいしいけれど、
クタッとなったのもまたおいしい。

調理時間 **13** 分

たっぷりかかったねぎが主役です。
チキンソテーのねぎソース

●材料
長ねぎ（みじん切り）………1本分
A）しょうゆ………大さじ2
　酢………大さじ2
　ラー油………好みで
鶏もも肉………1枚
塩、こしょう………各適宜

●作り方
①ねぎはAにつけ込む。
②鶏肉は塩、こしょうで下味をつけ、よく熱したフライパンで皮目のほうからパリッと焼く。
③食べやすく切って器に盛る。
④鶏肉に①のたれをかけてできあがり。

☆ここがコツ！
鶏肉は、皮目からじっくりじっくり、ふたをせずに焼くのがポイント。
フライパンをよく熱しておけば油をひかなくても、
鶏肉の皮から出る脂だけで充分おいしく焼ける。
ねぎは分量よりたっぷり入れてもおいしい。

★バリエーション
冷や奴にかけたり、鶏のから揚げにかけたり。
あるいはお刺身にかけてカルパッチョにしてみるのも。

調理時間 **10** 分

これでもかっ！　というくらいたっぷり入れてもOK。
長ねぎのお好み焼き風

●材料
長ねぎ（みじん切り）………2本分
合いびき肉………150g
A）しょうゆ………大さじ1
　はちみつ………大さじ1
B）小麦粉………1カップ
　水………1カップ
　かつお節………適宜
　卵………2個
サラダ油………適宜
しょうゆ………好みで

●作り方
①ひき肉にAを入れてよく混ぜる。
②ボウルにBを混ぜておいたところに、①とねぎを混ぜる。
③フライパンにサラダ油を熱し、②を食べやすい大きさに流し入れ、両面をこんがり焼く。
④好みでしょうゆをかければできあがり。

☆ここがコツ！
焼く前はすごくたくさんのねぎが入っているように見えますが、
焼いているうちにかさが減って落ち着きます。
小さめに流し、途中ふたをすると早く火が通ります。

なす

塩水に5〜10分程度つけることで、炒めたときに油をあまり吸わなくなるうえ、なす自体に味がつくのでおいしくなります。水1カップに対して塩小さじ½。これで3％の塩水になります。

調理時間 **8** 分
丸ごと蒸すから水っぽくならない。

なすの丸蒸し

●材料
なす………2本
水………½カップ
わさび………適宜
しょうゆ………適宜

●作り方
①フライパンに水を入れて火にかけ、沸騰したら、なすを丸ごと入れてふたをして火を通す。
②わさびじょうゆをつけながら食べる。

☆ここがコツ！
フライパンで蒸しゆでにします。
この方法なら、とっても手軽に蒸しなすが作れます。
熱々でも冷たくしても。

調理時間 **3** 分（塩水につける時間を含まず）
たっぷりのなすもぺろりと食べられる。

なすのしそ炒め

●材料
なす（乱切り）………2本分
オリーブオイル………大さじ1
にんにく（みじん切り）………1かけ分
塩、こしょう………各適宜
青じそ（せん切り）………10枚分

●作り方
①なすは塩水（分量外）につける。
②フライパンにオリーブオイルとにんにくを入れて火にかけ、いい香りがしてきたら、なすを入れて炒める。
③ふたをしてなすがしなっとなったら、塩、こしょうで味を調える。
④青じそをからめてできあがり。

☆ここがコツ！
冷たいフライパンににんにくとオリーブオイルを入れてから火にかけると、焦がす失敗はなく、香り高いガーリックオイルが作れます。
しそを入れたら、火を止めて手早く混ぜて。

調理時間 **3** 分（塩水につける時間を含まず）
毎日でも食べたいおいしいおかず。

なすのみそ炒め

●材料
なす………2本
ごま油………大さじ1
みそ………大さじ1
はちみつ………大さじ1
しょうが（すりおろし）………1かけ分

●作り方
①なすは薄い輪切りにして、塩水（分量外）につける。
②フライパンにごま油を熱し、なすを炒める。
③ふたをしてなすがしなっとなったら、みそ、はちみつとしょうがを入れ、さらに炒めてできあがり。

☆ここがコツ！
はちみつを入れることで、とろりとみそがからまりやすくなります。
しょうがのほかに、にんにくや唐辛子でも。

調理時間 **2**分30秒（塩水につける時間を含まず）

しょうがじょうゆだけじゃつまらない。
ソース焼きなす

●材料
- なす………2本
- ごま油………大さじ1
- ウスターソース………適宜
- かつお節、青のり………各適宜

●作り方
① なすは縦半分に切って、皮目のほうに切り込みを入れ、塩水（分量外）につける。
② フライパンにごま油を熱し、なすの両面をこんがりと焼く。
③ ふたをしてなすがしなっとなったら、ウスターソースをからめ、かつお節と青のりをふってできあがり。

☆ここがコツ！
ウスターソースはさらさらしたタイプのものがおすすめ。
かつお節と青のりもぜひほしいところ。

調理時間 **2**分30秒（塩水につける時間を含まず）

ピリ辛みそを塗るだけでこんなにうまい。
なすの韓国風田楽

●材料
- なす………2本
- ごま油………大さじ1
- A) コチュジャン………大さじ1
- はちみつ………大さじ1
- みそ………大さじ1
- すりごま………大さじ1

●作り方
① なすは縦半分に切って塩水（分量外）につける。
② フライパンにごま油を熱し、両面をこんがり焼く。
③ Aのたれを上に塗ってできあがり。

☆ここがコツ！
コチュジャンがないときは、
豆板醤や七味唐辛子を加減しながら、加えてください。
にんにくのすりおろしを加えてもおいしい。

調理時間 **10**分（塩水につける時間を含まず）

とろりと煮えたなすは、これだけでごちそう。
なすのミートソース煮

●材料
- なす………4本
- オリーブオイル………大さじ1
- にんにく（みじん切り）………1かけ分
- 玉ねぎ（みじん切り）………1個分
- 合いびき肉………100g
- トマト………2個
- 塩、こしょう、しょうゆ………各適宜

●作り方
① なすは食べやすい大きさに切って塩水（分量外）につける。
② フライパンにオリーブオイルとにんにくを入れて火にかけ、いい香りがしてきたら、玉ねぎとひき肉も入れて炒める。
③ なすを入れてさっと炒めたら、トマトをすりおろしてふたをする。
④ なすがしなっとなったら、塩、こしょう、しょうゆで味を調え、器に盛る。

☆ここがコツ！
トマトがすっぱいときは、
みりんで甘みを足してください。
なすは大きく切るもよし、薄く切って、
形がなくなるくらいとろとろ煮くずすもよし。

菜の花

菜の花は苦みもおいしさのうち。加熱しすぎたり水にさらしすぎたりは香りが抜けてしまうので要注意。買うときは花が咲いてないものを選びましょう。茎も捨てないで食べてください。

調理時間 1分

蒸しゆでするから香りも歯ごたえも極上。
菜の花のからしあえ

●材料
菜の花………1わ
水………大さじ2〜3
塩………少々
A）溶きがらし………小さじ1
　酢………小さじ1
　しょうゆ………大さじ1〜2

●作り方
①菜の花は食べやすいように半分に切る。
②フライパンに水と塩を入れて火にかけ、沸騰したら菜の花を入れてふたをする。
③菜の花がしんなりしたら、ふたをずらして水けをきる。
④Aは食べる直前にかける。

☆ここがコツ！
菜の花は水けをきってからの余熱でもどんどん熱が入るので、ちょっとかためで火を止めるくらいでちょうどよくなります。

調理時間 5分

春の訪れを目で、舌で感じる一品。
菜の花と油揚げのおひたし（写真ⓐ）

●材料
菜の花………1わ
油揚げ（短冊切り）………1枚分
水………1カップ
しょうゆ………大さじ2
みりん………大さじ2
かつお節………適宜

●作り方
①菜の花は、食べやすいように半分に切る。
②鍋に水としょうゆ、みりん、油揚げを入れて、火にかけ、ふたをして2〜3分煮る。
③油揚げがしょうゆ色になったら、菜の花を入れ、再びふたをして煮る。
④菜の花がしんなりしたら、手でもんで細かくしたかつお節を入れてひと混ぜして火を止める。

☆ここがコツ！
菜の花を入れたら、葉がしんなりするくらいで火を止めてOK。茎の部分がちょうどいいかたさになったときには、葉っぱはくたくたになってしまいます。

調理時間 1分30秒（つけ時間を含まず）

ほんのり苦い春の味。
菜の花の塩漬け（写真ⓑ）

●材料
菜の花………1わ
水………大さじ2〜3
塩………少々
A）水………½カップ
　塩………小さじ½
　たかのつめ………1本

●作り方
①菜の花は食べやすいように半分に切る。
②フライパンに水と塩を入れて火にかけ、沸騰したら菜の花を入れてふたをする。
③しんなりしたら、水にとってあら熱を取り、水けを絞る。
④ビニール袋にAとともに入れ、1時間以上つけ込む。

☆ここがコツ！
少ない水で蒸しゆでにするのがコツ。水にとるのはあら熱を取って、鮮やかな緑色をキープするためですから、さらしすぎないように注意。

調理時間 7分

パスタを入れてもおいしい。
菜の花のベーコン炒め

●材料
菜の花………1わ
オリーブオイル………大さじ1
にんにく（薄切り）………1かけ分
ベーコン（3cmくらいに切る）
　………4枚分
しょうゆ………適宜
こしょう………適宜

●作り方
①菜の花は食べやすいように半分に切る。
②フライパンにオリーブオイルとにんにくを入れ、弱火でゆっくりカリッとなるまで炒めて、一度取り出す。
③ベーコンを入れて炒め、さらに菜の花も入れて炒める。
④しょうゆとこしょうで味を調える。
⑤器に盛ってにんにくを散らしたらできあがり。

☆ここがコツ！
にんにくがカリッとなるまで炒めるのがめんどうなときは、みじん切りにしたにんにくをベーコンと一緒に炒めてもOK。

にがうり

にがうりは、苦さがうまさ。だから苦みをなくそうなんて考えるのは邪道。細いものよりぷっくり丸いもののほうがおいしいです。半分に切って中のわたは必ず取って。ここは食べられません。

調理時間 10 分

にがうりの苦手な子どもも、これなら大好きになる!?

にがうりチップス

●材料
にがうり………1本
小麦粉………大さじ2〜3
サラダ油………適宜
塩………適宜

●作り方
①にがうりは縦半分に切って中のわたをスプーンでかき出したら、端から薄切りにする。
②ビニール袋に入れて小麦粉をまぶす。
③フライパンに2cmくらい油を入れて揚げる。
④揚げたてに塩をふってできあがり。

☆ここがコツ！
カリッとなるまでじっくり揚げるのがコツ。から揚げなので、たっぷりの油がなくても大丈夫です。

調理時間 2 分

にがうり好きにはこたえられないうまさ。

にがうりのおひたし

●材料
にがうり………1本
水………大さじ2〜3
かつお節………適宜
しょうゆ………好みで

●作り方
①にがうりは縦半分に切って中のわたをスプーンでかき出したら、端から薄切りにする。
②フライパンに水を入れて火にかけ、煮立ったらにがうりを入れ、ふたをして蒸し煮にする。
③緑の色がぱっと鮮やかになったら、水にとってすぐに上げ、かつお節としょうゆをかける。

☆ここがコツ！
水にとるのは鮮やかな色をキープするためだけですから、熱々にかつお節としょうゆをかけてもOKです。

調理時間 3 分

新発見！ ご飯がすすむ甘みそ味。

にがうりのみそ炒め

●材料
にがうり………1本
ごま油………大さじ1
みそ………大さじ1
はちみつ………大さじ1

●作り方
①にがうりは縦半分に切って中のわたをスプーンでかき出したら、端から薄切りにする。
②フライパンにごま油を熱し、にがうりを炒める。
③にがうりに油が回ったら、みそとはちみつを加えて、からめながら炒めたらできあがり。

☆ここがコツ！
にがうりはさっと炒めるだけでもいいし、クタッとなるまで蒸し焼きにしてもかまいません。甘さは好みで加減して。

にんじん

にんじん特有の香りは皮のところにありますから、にんじん好きは皮つきで、にんじん嫌いは皮をむいて料理しましょう。加熱しすぎるといやなエグミやにおいが出ますから、さっと加熱が基本。

調理時間 ① 分(つけ時間を含まず)

シンプルに、にんじんの旨みを味わいたいときはこれ!!
にんじんの塩漬け

●材料
にんじん(棒状に切る)………1本分
A)塩………小さじ½
　昆布(細切り)……1cm×10cm分
　水………大さじ1〜2
レモン汁など………好みで

☆ここがコツ!
ほんの少し昆布を入れるだけで旨みが増します。

●作り方
①にんじんをビニール袋にAとともに入れる。
②中の空気を抜いて口をしばり、軽く重石をして30分くらいおけばできあがり。
③好みでレモンやオレンジなど柑橘系のしぼり汁をかけても。

調理時間 ⑩ 分

驚くほど甘い。
焼きにんじん

●材料
にんじん………2本
バター、塩………各適宜
しょうゆ………好みで

☆ここがコツ!
オーブントースターよりも魚焼きグリルのほうが早く焼けるでしょう。箸をさしてみて、すっと通るくらいにやわらかくなったらできあがりです。

●作り方
①にんじんは縦半分に切って、アルミホイルに包み、オーブントースターかグリルで10分ほど焼く。
②やわらかくなったら、バター、塩、好みでしょうゆをかけてできあがり。

調理時間 ⑧ 分

カリカリチーズが香ばしい。
にんじんの粉チーズ焼き

●材料
にんじん(5mmくらいの厚さの輪切り)
　………1本分
オリーブオイル………大さじ1
塩、こしょう………各適宜
粉チーズ………たっぷり

●作り方
①フライパンにオリーブオイルを熱し、にんじんをさっと炒めたら、ふたをして蒸し焼きにする。
②にんじんがやわらかくなったら、塩、こしょうで味を調え、粉チーズをたっぷりかける。
③チーズが溶けてカリッとなればできあがり。

☆ここがコツ!
にんじんは
歯ごたえがあるくらいのも、やわらかくなったのも、どちらもおいしい。
粉チーズがフライパンの上でカリカリになるまで焼いたほうがおいしい。
このときは、ふたはしないでカリカリにしましょう。

調理時間 5 分（炊飯時間を含まず）

せん切りにんじんが食べやすい。
にんじんご飯

●材料
にんじん（せん切り）………1本分
米………2カップ
水………2カップ
A）鶏ひき肉………200g
　　しょうゆ………大さじ2
　　はちみつ………大さじ2
　　しょうが汁………1かけ分

●作り方
①米は洗い、にんじんと分量の水を入れて炊く。
②フライパンにAを入れて火にかけ、そぼろを作る。
③炊きたてのにんじんご飯に、そぼろを混ぜてできあがり。

☆ここがコツ！
にんじんはすりおろして加えるよりも
せん切りで加えたほうが、絶対おいしいです。

調理時間 4 分

朝からたっぷり食べたいヘルシーサラダ。
にんじんとじゃこのレモンサラダ

●材料
にんじん（細切り）………1本分
オリーブオイル………大さじ1
塩、こしょう………各適宜
ちりめんじゃこ………20g
レモン汁………適宜

●作り方
①フライパンにオリーブオイルを熱し、にんじんを炒めたら、ふたをして蒸し焼きにする。
②にんじんが好みのかたさになったら、塩、こしょうで味を調えて、ちりめんじゃこを混ぜて火を止める。
③食べるときにレモン汁をかける。

☆ここがコツ！
にんじんは蒸し焼きにすることで甘さが出ます。
じゃこを入れたら、混ぜる程度で。
加熱しすぎると魚くさくなります。

調理時間 3 分

ささっと作って酒の肴にも。
にんじんのザーサイあえ

●材料
にんじん（薄い短冊切り）……1本分
ごま油………大さじ1
ザーサイ（細切り）……30gくらい
しょうゆ………好みで
すりごま………適宜

●作り方
①フライパンにごま油を熱し、にんじんをさっと炒めたら、ザーサイを加える。
②味をみて足りないようなら、好みでしょうゆを加え、ごまをふってできあがり。

☆ここがコツ！
塩漬けザーサイを使うときは、あらかじめ水につけて塩抜きをしてください。
味付けザーサイならそのままでOK。
にんじんは、歯ごたえがあるくらいがおいしいです。

ピーマン

ピーマンは手のひらでぺちゃんこにするとへたが取れやすいので、大量のピーマンを料理するときは、この方法で。いずれにしてもちょっとつぶしてぺちゃんこにしたほうが切りやすいです。

調理時間 ① 分

お弁当のおかずにもぴったり。
ピーマンのとろろあえ

●材料
ピーマン（ざく切り）………5個分
水………大さじ2～3
塩………少々
とろろ昆布………少々
ポン酢じょうゆ………好みで

●作り方
①フライパンに水と塩を入れて火にかけ、沸騰したらピーマンを入れてふたをして蒸しゆでにする。
②とろろ昆布をのせ、好みでポン酢じょうゆをかける。

☆ここがコツ！
とろろ昆布はあらかじめキッチンばさみで細かく切っておきます。ゆでることでピーマンくささが消えます。

調理時間 ② 分

驚くほどたくさんのピーマンが食べられる。
ピーマンの煮びたし

●材料
ピーマン………5個
水………大さじ2～3
塩………少々
かつお節………適宜
ポン酢じょうゆ………適宜

●作り方
①フライパンに水と塩を入れて火にかけ、沸騰したら、縦半分に切ったピーマンを入れてふたをして蒸しゆでにする。
②クタッとなったら取り出し、かつお節とポン酢じょうゆをかけてできあがり。

ぴったりと閉まるふたはフライパンの必需品。

☆ここがコツ！
蒸しゆでの加減は、ピーマンの色がぱっと鮮やかになったくらいでもいいし、ちょっと色が悪くなるけれどくたくたになったくらいでもおいしい。

調理時間 ② 分

緑のピーマンがちょっとイタリアン。
ピーマンのマリネ

●材料
ピーマン………5個
A）オリーブオイル………大さじ2
　にんにく（すりおろし）
　　………1かけ分
　塩………小さじ1/2
　レモン汁………1/2個分

●作り方
①ピーマンを縦4つに切って、オリーブオイル少々（分量外）を熱したフライパンで焼く。
②熱々をAにつけ込む。

☆ここがコツ！
ピーマンは焼き色がつくくらい焼いたほうがおいしい。つけ込んですぐでも、じっくりつけ込んでも。保存は冷蔵庫で2～3日。

調理時間 **2** 分

香り豊かな韓国風おひたし。
ピーマンのナムル

●材料
ピーマン(細切り)………5個分
ごま油………大さじ1
にんにく(すりおろし)………1かけ分
塩………少々
すりごま………適宜

●作り方
①フライパンにごま油を熱し、ピーマンをさっと炒める。
②にんにく、塩、ごまを混ぜてできあがり。

☆ここがコツ!
ピーマンはさっと炒める程度。
シャキシャキした歯ごたえが残っているくらいがおいしい。

調理時間 **2** 分(焼き時間を含まず)

もう一品ほしいときにすぐできる。
ピーマンのツナ詰め焼き

●材料
ピーマン………10個
ツナ………小1缶
マヨネーズ………大さじ1〜2
カレー粉………小さじ½
粉チーズ………適宜

●作り方
①ピーマンは縦半分に切り、マヨネーズとカレー粉を混ぜたツナをのせる。
②上に粉チーズをかけて、オーブントースターで焼く。

☆ここがコツ!
ツナは余分な油をきり、缶の中でマヨネーズとカレー粉を混ぜると洗いものが増えません。

調理時間 **6** 分

あっさりおいしい和風チンジャオロースー。
ピーマンと牛肉の炒め煮

●材料
ピーマン(細切り)………4〜5個分
牛薄切り肉(一口大に切る)
　………200g
A)しょうゆ………大さじ2
　はちみつ………大さじ2
　しょうが汁………1かけ分
ごま油………大さじ2
豆板醤………好みで
塩………少々

●作り方
①牛肉にはAの下味をよくもみこんでおく。
②フライパンにごま油の半量を熱し、ピーマンをさっと炒め、塩をふって取り出す。
③あいたフライパンに残りのごま油と好みで豆板醤を入れ、牛肉を入れて炒める。
④牛肉に火が通ったら、ピーマンを戻し入れ、ひと混ぜしてできあがり。

☆ここがコツ!
炒めたピーマンを一度取り出し、牛肉を炒めてから最後に戻し入れることで、ピーマンのおいしさが引き立ちます。

ブロッコリー

小房に分けるときは、花めの下あたりに包丁を入れて軸を切り落とし、軸に切り目を入れて、手で裂いて小房に分けると花が粉々になりません。軸は皮をむき一緒にゆでれば食べられます。

調理時間 2 分

和風味もおいしい。
ブロッコリーのわさびじょうゆ

●材料
ブロッコリー………1株
水………大さじ2～3
塩………少々
しょうゆ、わさび………各適宜

●作り方
①フライパンに水と塩を入れて火にかけ、沸騰したら、小房に分けたブロッコリーを入れる。
②ゆであがったブロッコリーにわさびじょうゆをかける。

☆ここがコツ！
蒸しゆですることでブロッコリーは水っぽくなりません。
ふたはぴったり閉まるものを。ちょっとかためくらいもおいしいです。

調理時間 2 分

ごまをたっぷりきかせます。
ブロッコリーのごまあえ

●材料
ブロッコリー………1株
水………大さじ2～3
塩………少々
すりごま………適宜
しょうゆ………適宜
ごま油………適宜

●作り方
①フライパンに水と塩を入れて火にかけ、沸騰したら、小房に分けたブロッコリーを入れる。
②ゆであがったブロッコリーにごまとしょうゆ、ごま油を混ぜる。

☆ここがコツ！
ごまは市販のすりごまよりも、
自分で炒ってすったもののほうが、粒々が残っておいしい。

調理時間 4 分

彩りが美しく、おもてなしにもいい。
ブロッコリーの明太マヨネーズかけ

●材料
ブロッコリー………1株
水………大さじ2～3
塩………少々
辛子明太子………1腹
マヨネーズ………大さじ3

●作り方
①フライパンに水と塩を入れて火にかけ、沸騰したら、小房に分けたブロッコリーを入れる。
②明太子をほぐし、マヨネーズとあえておく。
③ゆであがったブロッコリーに②をかける。

☆ここがコツ！
辛子明太子がなければ
普通のたらこでもOK。
身をほぐすときは
まな板の上にラップを敷いて、その上でやるとやりやすい。

調理時間 10 分

やわらかく煮えたブロッコリーがおなかに優しい。
ブロッコリーの即席リゾット

●材料
ブロッコリー………1/2株
バター………大さじ1
ベーコン（細切り）………2枚分
水………2カップ
ご飯………茶碗2杯分
塩、こしょう………各適宜
粉チーズ………好みで

●作り方
①ブロッコリーは小さく切る。
②鍋にバターとベーコンを入れて火にかけ、ベーコンが炒まったらブロッコリーも入れて、さっと炒める。
③水とご飯を入れて、煮る。
④ご飯がとろりと煮えたら、塩、こしょうで味を調え、好みで粉チーズをふってできあがり。

☆ここがコツ！
あらかじめブロッコリーを細かく切っておくことでご飯とのなじみがよくなります。色は悪くなりますが、ブロッコリーは口の中でつぶれるくらいやわらかく煮てもおいしいです。ご飯は冷やご飯でOK。

調理時間 15 分

やわらかく煮えた軸までおいしい。
ブロッコリーと鶏肉のスープ

●材料
ブロッコリー………1株
鶏もも肉（一口大に切る）……1枚分
オリーブオイル………大さじ1
にんにく（みじん切り）………1かけ分
玉ねぎ（薄切り）………1個
水………3カップ
昆布（細切り）………1cm×10cm分
塩、こしょう、しょうゆ………各適宜

●作り方
①鶏肉は塩、こしょうで下味をつけておく。
②オリーブオイルとにんにくを鍋に入れて火にかけ、いい香りがしてきたら鶏肉を入れて炒める。
③鶏肉の色が変わったら、玉ねぎを入れてさっと炒め、水と昆布を入れ、沸騰したら、小さく切ったブロッコリーも入れて煮る。
④ブロッコリーと鶏肉がやわらかく煮えたら、塩、こしょう、しょうゆで味を調えてできあがり。

☆ここがコツ！
火はごく弱火でふたをして煮てください。
ブロッコリーは煮くずれるくらいがうまい。

調理時間 9 分

シーフードの旨みがブロッコリーにしみしみ～。
ブロッコリーとシーフードのうま煮

●材料
ブロッコリー………1株
ごま油………大さじ1
にんにく（みじん切り）………1かけ分
しょうが（みじん切り）………1かけ分
長ねぎ（みじん切り）………1本分
シーフードミックス………1袋
水………1カップ
塩、こしょう、しょうゆ………各適宜
水溶き片栗粉………適宜

●作り方
①フライパンにごま油を熱し、にんにく、しょうが、ねぎを炒め、いい香りがしてきたら、シーフードミックスと小房に分けたブロッコリーを入れてさっと炒め、水を入れてふたをする。
②シーフードに火が通ったら、塩、こしょう、しょうゆで味を調え、水溶き片栗粉でとろみをつける。

☆ここがコツ！
最後にとろみをつけることで、旨みが一気にブロッコリーにからみます。シーフードミックスを冷凍のまま使うときは、時間差でブロッコリーを入れてください。

水菜＆みぶ菜

葉っぱがギザギザなのが水菜、葉っぱがまあるいのがみぶ菜。料理法はどちらも同じ。もともとは京都の伝統野菜ですが、今では全国いろいろなところで栽培されています。

調理時間 **1** 分（つけ込み時間を含まず）

まずは漬物から挑戦してみてください。

水菜のピリ辛漬け

● 材料
水菜またはみぶ菜（ざく切り）
　………1わ分
しょうゆ………大さじ3
昆布（細切り）………1cm×10cm分
ごま油………大さじ1
たかのつめ………1本

● 作り方
すべての材料をビニール袋に入れてつけ込む。

☆ここがコツ！
つけてすぐから食べられる。保存は冷蔵庫で3日くらいは大丈夫。

調理時間 **2** 分

切ってあえるだけでこのうまさ。

水菜の和風サラダ

● 材料
水菜またはみぶ菜（ざく切り）
　………1わ分
ごま油………大さじ1
かつお節………適宜
しょうゆ、酢………各大さじ1
すりごま………たっぷり

● 作り方
①水菜をボウルに入れ、ごま油をかけて、全体をわっさわっさと混ぜたら、手でもんで細かくしたかつお節を混ぜる。
②しょうゆと酢を混ぜて、ごまをふったらできあがり。

☆ここがコツ！
時間がたつと水が出てくるので、できたてを食べてください。最初にごま油をなじませるのがコツ。

調理時間 **7** 分

煮てもシャキシャキ感はそのまま。

水菜と豚肉の柚香煮

● 材料
水菜またはみぶ菜（ざく切り）
　………1わ分
豚もも薄切り肉（一口大に切る）
　………150g
しょうゆ………小さじ1
ごま油………大さじ1
A）しょうゆ………大さじ2
　　酢………大さじ2
ゆずの皮………あれば

● 作り方
①豚肉はしょうゆをもみこんでおく。
②フライパンにごま油を熱し、豚肉をさっと炒めたら、その上に水菜をのせて、ふたをして蒸し煮にする。
③水菜がしなっとなったらAを入れて火を止め、味がなじんだらできあがり。あれば、ゆずの皮を添える。

☆ここがコツ！
豚肉の上に水菜をのせて蒸し煮にすることで色鮮やかにシャキッと仕上がります。

みつば

薬味だけの野菜ではありません。他の野菜と同様、たっぷり使って主役にしてあげてください。切りみつばは繊細な味ですが、春先に出る根みつばは、ワイルドな力強いうまさがあります。

調理時間 5 分
牛肉の旨みがからんだみつばが主役。
みつばのごちそうサラダ

●材料
- みつば（ざく切り）………たっぷり
- 牛薄切り肉（一口大に切る）………200g
- A) しょうゆ………大さじ1
- はちみつ………大さじ1
- しょうが汁………1かけ分
- ごま油………大さじ1
- レモン………好みで

●作り方
1. 牛肉にAをもみこんでおく。
2. フライパンにごま油を熱し、牛肉を調味料ごと入れて炒める。
3. 牛肉に火が通ったら火を止め、みつばを混ぜてできあがり。
4. 食べるときに好みでレモンを絞る。

☆ここがコツ！
牛肉が炒めあがったら火を止めて、みつばを混ぜてください。余熱でクタッとなったくらいのみつばがおいしいのです。

調理時間 8 分
焼いたお餅を入れたらお雑煮。
みつばのおすまし

●材料
- みつば（ざく切り）………たっぷり
- 鶏もも肉………1枚
- 塩、こしょう………各適宜
- 水………3カップ
- 昆布（細切り）………1cm×10cm分
- 塩、しょうゆ………各適宜

☆ここがコツ！
鶏肉の皮を先にカリカリに炒めることで、旨みが充分引き出されます。みずみずしいみつばと、ちょっとこってりした皮の脂の旨みの相性がいいのです。

●作り方
1. 鶏肉は、皮と身に分け皮のほうは細切り、身のほうは一口大に切って塩、こしょうする。
2. 鍋を熱したところに皮を入れ、カリカリになるまで炒めたら、身のほうも入れてさっと炒める。
3. 水と昆布を入れて弱火で煮る（沸騰させない）。
4. 鶏肉がやわらかくなったら、塩、しょうゆで味を調える。
5. 最後にみつばを入れてできあがり。

調理時間 10 分
あるようでなかったこの組み合わせ。
みつばの一銭洋食

●材料
- みつば（ざく切り）………たっぷり
- 小麦粉………1カップ
- 卵………1個
- 水………150cc
- 塩………少々
- ごま油………大さじ2〜3
- かつお節………適宜
- お好み焼きソース………好みで
- ポン酢じょうゆ………好みで

●作り方
1. 小麦粉に卵、水、塩を混ぜる。
2. フライパンにごま油を熱し、①を流したら両面を焼き、みつば、かつお節をのせて二つ折りにする。
3. 好みでお好み焼きソースあるいはポン酢じょうゆをかけても。

☆ここがコツ！
みつばは生地に混ぜ込まず、最後にのせて二つ折りにすることで、香りとシャキシャキ感が生きます。

みょうが

しょうが科の多年草で、食べているのは花穂の部分。食べすぎると物忘れするといわれますが、根も葉もないうわさ。夏みょうがと秋みょうががあり、8月以降に出回る秋みょうがのほうが美味。

調理時間 **1** 分

みょうが好きなら、これで決まり!!
みょうがディップ

●材料
みょうが………5個
A) みそ………大さじ1
　　はちみつ………大さじ1

●作り方
①みょうがは縦半分に切って器にのせる。
②Aを混ぜたものをつけながら食べる。

☆ここがコツ！
みょうがは新鮮なものを選びましょう。

調理時間 **3** 分

定番のみょうがの漬物。
みょうがの甘酢漬け

●材料
みょうが………6個
A) 酢………1/2カップ
　　はちみつ………大さじ3
　　塩………適宜
水………大さじ2〜3

●作り方
①ビニール袋にAを入れて混ぜ、甘酢を作る。
②フライパンに水を入れて火にかけ、沸騰したら、みょうがを丸ごと入れてふたをする。
③30秒くらいでみょうがが熱くなるので、熱々のまま①のビニール袋の甘酢につける。
④中の空気を抜いて口をしばり、冷めるまでおいたらできあがり。

☆ここがコツ！
生のままよりさっと加熱したほうが味がしみやすい。
ビニール袋でつければ洗いものいらずですが、大量に作る場合はプラスチック容器でも。
冷蔵庫で保存すれば1週間くらいは大丈夫。

調理時間 **6** 分

みょうが好きにはたまりません。
みょうがとじゃこのご飯

●材料
みょうが（小口切り）………3個分
ちりめんじゃこ………30gくらい
ご飯………茶碗2杯分
しょうゆ………好みで

●作り方
①みょうがに塩少々（分量外）をふって5分ほどおく。
②軽くもんで水けをきったら、ちりめんじゃこと混ぜ、ご飯にのせる。
③好みでしょうゆをかけてできあがり。

☆ここがコツ！
みょうがの甘酢漬けがあれば、それを刻んで同様にご飯にのせてもおいしい。

芽キャベツ

キャベツの葉のつけ根が直径2～3cmに結球したもの。芽キャベツはカロテンの含有率が高いため、緑黄色野菜の仲間で、普通のキャベツの3倍のビタミンCを含んでいます。

調理時間 10分

蒸すから栄養も旨みもそのまま。

蒸し芽キャベツバターのせ

● 材料
- 芽キャベツ………12個くらい
- 水………大さじ3〜4
- 塩………少々
- バター、こしょう………各適宜

● 作り方
① 芽キャベツは、根元に十文字の切り目を入れる。
② フライパンに水を入れて火にかけ、沸騰したら、芽キャベツと塩を入れてふたをする。
③ 芽キャベツがやわらかくなったら器に出し、バターとこしょうをかける。

☆ここがコツ！
あらかじめ根元に切り目を入れることで、火の通りが早くなります。ふたはぴったり閉まるものを。

調理時間 13分

いきなり焼いた芽キャベツの甘さは格別。

芽キャベツのチーズ焼き

● 材料
- 芽キャベツ………14個くらい
- 塩、こしょう………各適宜
- オリーブオイル………大さじ1
- 粉チーズ………たっぷり

● 作り方
① 芽キャベツは、根元に十文字に切り目を入れ、耐熱容器に並べる。
② 塩、こしょう、オリーブオイル、粉チーズをかけて、オーブントースターで焼く。
③ おいしそうな焼き色がついたらできあがり。

☆ここがコツ！
ちょっと歯ごたえのある仕上がり。やわらかいのが好きな人はあらかじめ下ゆでしても。

調理時間 15分

あっさりスパイシーで栄養満点。

芽キャベツのカレースープ煮

● 材料
- 芽キャベツ………10個くらい
- バター………大さじ1
- ベーコン（細切り）………2枚分
- 玉ねぎ（薄切り）………1/2個分
- 水………3カップ
- 昆布（細切り）………1cm×10cm分
- 塩、こしょう、しょうゆ、カレー粉………各適宜

● 作り方
① 芽キャベツは、根元に十字に切り目を入れる。
② 鍋にバターを入れてベーコンを炒め、玉ねぎと芽キャベツも炒める。
③ 油が回ったら、水と昆布を入れ、ふたをして火にかける。
④ 芽キャベツがやわらかくなったら、塩、こしょう、しょうゆ、カレー粉で味を調えてできあがり。

☆ここがコツ！
ゆで汁ごと飲むスープは、栄養を丸ごととることができるのでおすすめ。煮るときはふたをして、ごく弱火で。

もやし

緑豆を発芽させたのが緑豆もやし、大豆を発芽させたものが大豆もやし。シャキシャキ感が身上ですから、さっと加熱が基本です。ひげ根は取ればきれいですが、取らなくても充分おいしいです。

調理時間 3 分

白菜キムチとはひと味違ったあっさり味。
もやしキムチ

●材料
- もやし………1袋
- ごま油………大さじ1
- A) にんにく(すりおろし)………1かけ分
- しょうが(すりおろし)…1かけ分
- はちみつ………大さじ1
- かつお節………たっぷり
- 酢………大さじ1
- しょうゆ………大さじ1
- すりごま………たっぷり
- 粉唐辛子………適宜

●作り方
① フライパンにごま油を熱し、もやしを入れたらふたをして蒸し焼きにする。
② もやしが全体に熱くなったら、Aをすべて混ぜて火を止めて、器に移す。
③ 味がなじんだらできあがり。

☆ここがコツ！
太くてしっかりしたもやしで作るとおいしいです。シャキシャキ感がなくなるとおいしくないので、加熱しすぎに注意。

調理時間 2 分

ごまの香りが食欲をそそる。
もやしのナムル

●材料
- もやし………1袋
- 水………大さじ1
- ごま油………大さじ1
- A) しょうゆ………大さじ1
- すりごま………たっぷり

●作り方
① フライパンに水を入れて火にかけ、沸騰したらもやしを入れてふたをする。
② もやしが全体に熱くなったら、ふたをずらして、余分な水分を捨てる。
③ ボウルにあけてAであえる。

☆ここがコツ！
蒸しもやしは、水っぽくなく旨みが濃いのが特徴。長くおくと水が出るので、食べる直前にあえること。

調理時間 10 分

ひき肉の中でもシャキシャキ。
もやしバーグ

●材料
- もやし………1袋
- 片栗粉………大さじ2
- 合いびき肉………200g
- 卵………1個
- しょうゆ………適宜
- ごま油………大さじ1
- トマトケチャップ………好みで
- ポン酢じょうゆ………好みで

●作り方
① もやしはビニール袋に入れて片栗粉をまぶす。
② ひき肉に卵としょうゆを混ぜておき、そこにもやしを混ぜる。
③ フライパンにごま油を熱し、平たく焼いてできあがり。
④ 好みでトマトケチャップやポン酢じょうゆをかける。

☆ここがコツ！
もやしにあらかじめ片栗粉をまぶしておくことで、水っぽくならずに焼きあがります。
平たい形にすると、早く火が通るので、もやしがクタッとなりません。

調理時間 4 分

シャキシャキもやしに、半熟卵がとろり。
もやし卵ご飯

●材料
もやし………1袋
ごま油………大さじ1
かつお節………適宜
ご飯………茶碗2杯分
卵………2個
しょうゆ………適宜

●作り方
①フライパンにごま油を熱し、もやしをさっと炒めたら、手でもんで細かくしたかつお節を入れてからめる。
②ご飯の上にもやしをのせる。
③あいたフライパンで目玉焼きを焼いて上にのせる。
④しょうゆをかける。

☆ここがコツ！
もやしに味をつけず、卵をのせてからしょうゆをかけるのがコツ。このやり方ならもやしから水分が出ることはありません。

調理時間 10 分

マーボー味はもやしにも合います。
マーボーもやし

●材料
もやし………1袋
ごま油………大さじ1
長ねぎ(みじん切り)………1/2本分
しょうが(みじん切り)………1かけ分
にんにく(みじん切り)………1かけ分
豚ひき肉………100g
水………1 1/2カップ
しょうゆ………大さじ1
オイスターソース………大さじ2
水溶き片栗粉………適宜

●作り方
①フライパンにごま油を熱し、ねぎ、しょうが、にんにくを炒め、いい香りがしてきたら、ひき肉も加えて炒める。
②水を入れて煮立てたら、しょうゆ、オイスターソースで味を調え、水溶き片栗粉でとろみをつける。
③最後にもやしを加え、さっと火を通したらできあがり。

☆ここがコツ！
とろみをつけてから最後にもやしを入れるのがポイント。もやしが熱くなったらすぐ火を止めれば、シャキッとした歯ごたえが残ります。

調理時間 8 分

カリカリ豚ばら肉とシャキシャキもやしの絶妙なコンビ。
豚ばらもやし

●材料
もやし………1袋
豚ばら肉(細切り)………100g
塩、こしょう………各適宜

☆ここがコツ！
豚肉をじっくりカリカリになるまで炒めるのがおいしさのポイント。もやしを入れてからは手早く。

●作り方
①フライパンを熱くしたところに豚肉を入れて、脂が出てカリカリになるまで炒める(途中、塩、こしょうでしっかり味をつける)。
②もやしを入れて、さっと炒め、塩、こしょうでさらに味を調えたらできあがり。

豚肉は、右の写真のように、脂が出てカリカリになるまで炒めるのがコツ。

調理時間 **3** 分

あっさりしているのにコクがある。
もやしのベーコン炒め

●材料
もやし………1袋
バター………大さじ1
ベーコン（細切り）………2枚分
塩、こしょう………各適宜

●作り方
①フライパンにバターを熱し、ベーコンを炒め、充分に脂が出たところでもやしを入れて、さっと炒める。
②塩、こしょうで味を調えてできあがり。

☆ここがコツ！
できたて熱々をすぐ食べたい。

もやし

調理時間 **2** 分

カレーとしょうゆとのりが意外に合う。
もやしのカレー炒め

●材料
もやし………1袋
ごま油………大さじ1
カレー粉………小さじ1
しょうゆ………大さじ1
もみのり………たっぷり
かつお節………適宜

●作り方
①フライパンにごま油を熱し、もやしをさっと炒めたら、カレー粉としょうゆを回し入れる。
②もみのりと、手でもんで細かくしたかつお節を混ぜてできあがり。

☆ここがコツ！
かつお節ともみのりがもやしから出る水分を吸ってくれるので、失敗知らずのもやし炒めです。

☆ここがコツ！
蒸し時間は30秒から1分。全体が熱くなっていたらOKです。

調理時間 **2** 分

ポン酢味で超さっぱり。
もやしと油揚げのさっぱり炒め

●材料
もやし………1袋
ごま油………大さじ1
油揚げ（細切り）………1枚分
ポン酢じょうゆ………適宜

●作り方
①フライパンにごま油を熱し、油揚げを炒めたら、もやしも入れてふたをする。
②全体に熱くなったら、さっとかき混ぜる。
③食べる直前にポン酢じょうゆをかける。

☆ここがコツ！
豚ばら肉をカリカリに炒めることで、旨みが充分引き出されます。もやしを入れてからは煮すぎないで。

調理時間 **8** 分

豚ばら肉の旨みをたっぷり含んだもやしがうまい。
もやしスープ

●材料
もやし………1/2袋
豚ばら肉（細切り）………100g
水………3カップ
昆布（細切り）………1cm×10cm分
塩、こしょう、しょうゆ………各適宜
卵………1個
ごま油、ラー油………好みで

●作り方
①豚肉を熱した鍋に入れて、カリカリになるまで炒める。
②水と昆布を入れる。
③塩、こしょう、しょうゆで味を調えたらもやしを入れる。
④溶き卵を回し入れ、好みでごま油、ラー油を入れてできあがり。

モロヘイヤ

かつてエジプトで王様の病気を治したことから王家の野菜として伝えられているほどの健康野菜。カルシウム、カロテン、食物繊維の含有量はトップクラス。葉だけを摘んで料理に使います。

調理時間 3 分

ぬるっとした食感がヤミつきになる。

モロヘイヤのおひたし

●材料
- モロヘイヤ………1わ
- かつお節………適宜
- ポン酢じょうゆ………適宜

●作り方
① モロヘイヤは葉だけを摘んで、さっとゆでて、水にとる。
② 軽く水けを絞って、かつお節とポン酢じょうゆをかければできあがり。

☆ここがコツ！
葉は摘んでから洗うと洗いやすい。ゆでるのはさっとで大丈夫。

調理時間 5 分

梅干し風味で飲みやすい。

モロヘイヤのスープ

●材料
- モロヘイヤ………1わ
- 豚ばら肉（細切り）………100g
- 水………3カップ
- 干ししいたけ（手で砕く）……2個分
- 梅干（梅肉をたたく）………1個分
- しょうゆ、塩、こしょう………各適宜

●作り方
① モロヘイヤは、葉だけを摘んで、みじん切りにする。
② 鍋を熱したところに豚肉を入れ、脂が出てカリッとなるまで炒める。
③ 水と干ししいたけ、梅干しを加えて、そのまま5分ほど煮る。
④ ③のスープにモロヘイヤを入れて、しょうゆ、塩、こしょうで味を調える。

☆ここがコツ！
時間がたつと、モロヘイヤのクセが出てきますので、できたて熱々を食べてください。モロヘイヤのにおいが苦手な人は、一度下ゆでしてから入れてもいいでしょう。

調理時間 3 分

ネバネバとろとろがみるからに体に効きそう。

モロヘイヤ納豆

●材料
- モロヘイヤ………1わ
- 納豆………1パック
- ご飯………茶碗2杯分
- しょうゆ、練りがらしなど……好みで

●作り方
① モロヘイヤは葉だけを摘んで、さっとゆでて、水にとる。
② 軽く水けを絞って、包丁で細かくたたく。
③ しょうゆなど好みで味つけした納豆と混ぜ、ご飯の上にのせ、好みでからしを添える。

☆ここがコツ！
からしのほかに、ラー油やしょうがなども合います。

調理時間 ① 分30秒
不思議な食感があとをひく。
レタスの
シャカシャカ漬け
（写真ⓐ）

● 材料
レタス………1玉
ごま油………大さじ1
塩………少々
酢………好みで

● 作り方
①レタスは手でちぎり、ごま油、塩とともにふたつき容器に入れる。
②ふたをしてシャカシャカとふったら、食べる直前まで冷蔵庫で冷やしておく。
③器に盛って、好みで酢をかける。

☆ここがコツ！
しなっとしてカサは減っていますが、シャキシャキして、サラダとはひと味もふた味も違うおいしさです。最初から酢を入れると緑が変色するので注意。

レタス

生でサラダにして食べる以外にないと思われがちですが、加熱してもシャキシャキ感がなくならないので、加熱してたっぷり食べたいもの。持った感じが軽いもののほうが、やわらかくておいしい。

調理時間 ① 分30秒
漬物にしても歯ごたえはそのまま。
レタスの中華風漬物（写真ⓑ）

● 材料
レタス………1玉
ごま油………大さじ1
ザーサイ（みじん切り）
　………30gくらい

● 作り方
①レタスは手でちぎり、ごま油、ザーサイとともにふたつき容器に入れる。
②ふたをしてシャカシャカふり、レタスがしなっとなったらできあがり。

☆ここがコツ！
ザーサイはあらかじめ塩抜きをしておいてください。味付けザーサイならそのままでOK。

調理時間 ⑩ 分
レタスをおなかいっぱい食べられる。
レタスのしゃぶしゃぶ

● 材料
レタス………1玉
水………8カップ
昆布（細切り）………1cm×10cm分
豚肉（しゃぶしゃぶ用）………300g
豆腐、しめじなど………好みで
A）練りごま………大さじ2
　　みそ………大さじ2
　　はちみつ………大さじ1～2
　　酢………大さじ1
　　しょうゆ………好みで
　　すりごま………適宜

● 作り方
①鍋に水と昆布を入れ、沸騰したら、好みで豆腐やしめじを入れ、レタスをしゃぶしゃぶする。
②Aにつけて食べる。

☆ここがコツ！
豚肉とレタスだけでも充分です。たれはポン酢じょうゆもおいしいです。

調理時間 ③ 分

酒の肴になるうれしいサラダ。
レタスのサラダ

●材料
レタス………1/2玉
オリーブオイル………大さじ1
塩、こしょう………各適宜
にんにく(すりおろし)………1かけ分
粉チーズ………適宜
レモン汁………1/2個分

●作り方
①レタスは手でちぎってボウルに入れ、オリーブオイルを回し入れて、全体にからめる。
②塩、こしょう、にんにくを混ぜる。
③食べる直前に粉チーズをふり、レモン汁をかける。

☆ここがコツ！
最初にオリーブオイルをからめることで、レタスから水が出にくくなります。

調理時間 ③ 分

和風&イタリアンのこのうまさ。
レタスののりサラダ

●材料
レタス………1/2玉
オリーブオイル………大さじ1
しょうゆ………大さじ1
酢………大さじ1
もみのり………たっぷり

●作り方
①レタスは手でちぎってボウルに入れ、オリーブオイルを回し入れて、全体にからめる。
②しょうゆと酢もからめたら、最後にもみのりを散らしてできあがり。

☆ここがコツ！
のりは味付けのりではなく、おいしい焼きのりをもんで加えると、香り豊かなドレッシングになります。

調理時間 ② 分30秒

レタス1玉がぺろりと食べられる。
レタスとじゃこのさっと煮

●材料
レタス………1玉
水………100cc
ちりめんじゃこ………30g
しょうゆ………適宜

●作り方
①フライパンに水を入れて火にかけ沸騰したら、手でちぎったレタスを入れてふたをし、蒸し煮にする。
②レタスがクタッとなったら、ちりめんじゃこを入れてひと混ぜして火を止める。
③しょうゆで味を調えてできあがり。

☆ここがコツ！
ちりめんじゃこを入れたら火を止めて、加熱しすぎないほうがおいしい。味つけはポン酢じょうゆでも。

調理時間 ② 分30秒

朝ごはんにぴったり。
レタスと卵のさっと炒め

●材料
レタス………1/2玉
ごま油………大さじ1
しょうが(せん切り)………1かけ分
卵………2個
塩、こしょう………各適宜
水溶き片栗粉………適宜

●作り方
①フライパンにごま油としょうがを入れて火にかけ、いい香りがしてきたら、手でちぎったレタスを入れて、さっと炒める。
②塩、こしょうで味をつけた溶き卵を入れて、大きくかき混ぜながら炒める。
③塩、こしょうで味を調える。水分が出てきたら水溶き片栗粉を入れてとろみをつけるとよい。

☆ここがコツ！
レタスから水が出なければ、水溶き片栗粉でとろみをつける必要はありません。ごま油、しょうがをバター、にんにくに替えてもおいしいです。

調理時間 **2**分30秒

和風の料理にだってなるんです。
レタスのおひたし

●材料
レタス………1玉
水………大さじ1
かつお節………適宜
しょうゆまたはポン酢じょうゆ
　………適宜

●作り方
①フライパンに水を入れて火にかけ、沸騰してきたら、手でちぎったレタスを入れてふたをする。
②レタスがクタッとなったら、器に盛り、かつお節をのせ、しょうゆまたはポン酢じょうゆをかける。

☆ここがコツ！
ふたはぴったり閉まるものを。
蒸し焼きにする時間は30秒から1分くらい。
色鮮やかに仕上げてください。

調理時間 **2**分30秒

パンやパスタにたっぷり添えて。
レタスとベーコンの重ね煮

●材料
レタス………1玉
バター………大さじ1
ベーコン（短冊切り）………2枚分
塩、こしょう………各適宜

●作り方
①フライパンにバターを熱してベーコンを炒め、大きめに切ったレタスを入れたらふたをする。
②レタスがクタッとなったら、塩、こしょうで味を調えてできあがり。

☆ここがコツ！
さっと蒸したのもおいしいけれど、くたくたに蒸し煮にしたのもいける。

調理時間 **5**分

スープに入れてもシャキシャキのまま。
レタスのスープ

●材料
レタス………½玉
水………3カップ
昆布（細切り）………1cm×10cm分
えび………8尾くらい
塩、こしょう………各適宜
ナンプラー………大さじ1
粉唐辛子………好みで
レモン（薄切り）………好みで

●作り方
①えびは殻を取って横2つに切ったら、塩、こしょうで下味をつけておく。
②鍋に水と昆布を入れて火にかける。
③煮立ったら、①のえびを入れ、ナンプラーで味を調える。
④手でちぎったレタスを入れたらひと煮立ちで火を止める。
⑤好みで粉唐辛子をふり、レモンを添える。

☆ここがコツ！
ナンプラーがないときは、普通のしょうゆでもOK。

調理時間 **5**分

みそ汁にレタス？　でもやってみると意外においしい。
レタスのみそ汁

●材料
レタス………½玉
水………3カップ
昆布（細切り）………1cm×10cm分
みそ………大さじ3
かつお節………適宜

●作り方
①水と昆布を鍋に入れて火にかける。
②沸騰したら、手でちぎったレタスを入れ、みそを溶いて、かつお節を入れる。

☆ここがコツ！
レタスを入れてからは煮すぎないようにしましょう。

レタス

調理時間 **8** 分（さけを焼く時間を含まず）

さけとレタスの組み合わせは彩りも味もGOOD!
レタスチャーハン

●材料
- レタス………1/2玉
- ごま油………大さじ1
- 長ねぎ（みじん切り）………1本分
- 卵………1個
- ご飯………茶碗2杯分
- 塩ざけ………1〜2切れ
- 塩、こしょう、しょうゆ………各適宜

☆ここがコツ！
レタスは最後に入れて、
余熱で火を通すくらいでOK。

●作り方
①塩ざけは油をひいたフライパン、またはグリルで焼いて、身をほぐしておく。
②フライパンにごま油とねぎを入れて炒めたら、溶いた卵とご飯を入れて、手早く炒める。
③さけの身を混ぜたら、最後に手でちぎったレタスを加える。
④塩、こしょう、しょうゆで味を調えたらできあがり。

調理時間 **5** 分

カレー味のすし飯とレタスが新鮮。
レタスの手巻きずし

●材料
- レタス………適宜
- ご飯………茶碗2杯分
- A）はちみつ………大さじ1
  - 酢………大さじ2
  - 塩………小さじ1/2
  - カレー粉………小さじ1/2
- プロセスチーズ、プチトマト、きゅうり、ハムなど………好みで
- マヨネーズ………適宜

●作り方
①Aを温め、熱いご飯に混ぜる。
②レタスにご飯と好みの具をのせてマヨネーズを添えて食べる。

☆ここがコツ！
レタスとカレー味のすし飯の
組み合わせには、
マヨネーズがよく合います。

調理時間 **10** 分

たっぷりレタスでさっぱりヘルシー。
レタスの冷やし中華

●材料
- レタス（ざく切り）………1/2玉分
- 中華麺………2玉
- ハム（短冊切り）………1パック分
- A）めんつゆ（ストレート）………2カップ
  - 酢、ごま油………各大さじ1

●作り方
①中華麺をゆでて水にとり、器に盛り、レタスとハムを上にのせる。
②上からAをかけてできあがり。

☆ここがコツ！
レタスは金けを嫌うので、包丁で切るのはあまりよくないのですが、
この料理に関しては包丁でざく切りにするほうが
麺とよくなじんでおいしいです。

れんこん

ふっくらとした形で、穴の中にあくが回っていないものを選んでください。たわしできれいに洗えば、皮はむかなくても食べられます。貧血予防や目の疲れにきくビタミンB_{12}を含んでいます。

調理時間 3 分

ごまマヨネーズがよく合う。
れんこんサラダ

●材料
- れんこん………1節
- A) マヨネーズ………大さじ3
-   しょうゆ………小さじ1
-   すりごま………大さじ1

●作り方
① れんこんは薄い輪切りにしてさっとゆでる。
② 熱々をAのドレッシングであえてできあがり。

☆ここがコツ！
れんこんをゆでるとき、透明になったらざるに上げてください。ゆで方が足りないと粉っぽく、ゆですぎると歯ごたえが悪くなります。

調理時間 10 分

てんぷらより簡単。
れんこんのさくさく焼き

●材料
- れんこん（1cm厚さの輪切り）………1節分
- 小麦粉………適宜
- A) 小麦粉………½カップ
-   水………½カップ
-   ベーキングパウダー………小さじ½
-   塩、カレー粉………各少々
- オリーブオイル………適宜

●作り方
① れんこんに軽く小麦粉をまぶしておく。
② Aを混ぜ合わせた衣をつける。
③ オリーブオイルをフライパンの1cm高さくらいまで入れ、揚げ焼きにする。

☆ここがコツ！
れんこんに軽く小麦粉をまぶしておくと、衣がつきやすい。

調理時間 15 分

心身を癒す、やさしい味わい。
れんこんのおかか煮

●材料
- れんこん（乱切り）………1節分
- 水………1カップ
- しょうゆ………大さじ1～2
- みりん………大さじ1～2
- かつお節………たっぷり

●作り方
① れんこんは、水、しょうゆ、みりんとともに鍋に入れたら、落としぶたをして火にかける。
② 煮汁がほぼなくなるまで煮たら、最後に手でもんで細かくしたかつお節を入れてできあがり。

☆ここがコツ！
薄味で煮含めるのもおいしいけれど、しっかり味で煮しめるのもうまい。味加減はそのときどきで加減して。

調理時間 **20** 分

ひき肉の中でシャキシャキと歯にあたる楽しさ。
れんこんギョーザ

●材料
- れんこん………小1節
- 豚ひき肉………150g
- A) しょうゆ、ごま油………各適宜
-    片栗粉………大さじ1
- ギョーザの皮………1袋
- 酢、しょうゆ、ラー油………好みで

●作り方
① れんこんは適当に切ってビニール袋に入れ、めん棒で細かく砕く。
② ひき肉に①とAを混ぜる。
③ ギョーザの皮で包む。
④ フライパンに2cmくらいのサラダ油(分量外)を入れて、揚げ焼きにする。
⑤ 好みで酢、しょうゆ、ラー油などを混ぜたたれを添える。

☆ここがコツ！
れんこんは、粉々になるまでたたいてOKです。

れんこんは適当に切ってからビニール袋に入れてめん棒でたたくとラクに砕くことができる。

調理時間 **20** 分

見た目はワイルド、けれど味は繊細。
れんこんの梅煮

●材料
- れんこん………1節
- 昆布(細切り)………1cm×10cm分
- 梅干し………2個
- 水………1カップ
- しょうゆ………好みで

●作り方
① れんこんはビニール袋に入れて、めん棒でたたいて砕く。
② 昆布、梅干し、水とともに鍋に入れ、ふたをして弱火で煮る。
③ れんこんがやわらかくなったら、最後に好みでしょうゆで味を調える。

☆ここがコツ！
れんこんは砕くことで、味がしみやすくなります。

調理時間 **15** 分

ハンバーグの中も外も、れんこんです。
れんこんハンバーグ

●材料
- れんこん………1節
- 鶏ひき肉………150g
- しょうが汁………1かけ分
- 片栗粉………適宜
- しょうゆ、塩………各適宜
- ごま油………適宜

●作り方
① れんこんの半分は薄い輪切りにし、残りはすりおろす。
② すりおろしたれんこんとひき肉をよく混ぜたら、しょうが汁と片栗粉も混ぜ、しょうゆ、塩で味をつける。
③ ②を食べやすい大きさに丸め、表面に輪切りにしたれんこんをはりつける。
④ フライパンにごま油を熱して③を入れ、両面がこんがり焼けたらできあがり。

☆ここがコツ！
すりおろしたれんこんをひき肉に混ぜることで、独特のもっちりした食感になります。外にはりつけるれんこんは、あまり薄すぎないほうが、さくさくしておいしい。

使える食材スプラウト

発芽させた芽を食べる野菜がスプラウト。貝割れ菜はご存知のように大根の種を発芽させたものですが、最近はブロッコリー、マスタード、紫キャベツ、ピーナッツ、そばなどのスプラウトも売られています。アルファルファーはうまごやしという植物。不思議な食感は、一度食べればヤミつきです。生で食べることが多いですが、さっと加熱すればかさが減ってたっぷり食べられます。

調理時間 3分（スパゲティのゆで時間を含まず）

唐辛子の赤に貝割れ菜の緑が映える。

貝割れペペロンチーノ

●材料
- 貝割れ菜………1パック
- スパゲティ………160gくらい
- オリーブオイル………大さじ1
- にんにく（みじん切り）………1かけ分
- たかのつめ（輪切り）………1本分
- 塩、こしょう………各適宜

●作り方
① スパゲティをゆでる。
② フライパンにオリーブオイルとにんにくとたかのつめを入れて火にかけ、いい香りがしてきたら、ゆでたてのスパゲティを入れる。
③ 塩、こしょうで味を調え、最後に貝割れ菜を混ぜる。

☆ここがコツ！
貝割れ菜は最後に混ぜるのがコツ。余熱でクタッとなるので、たっぷり入れても大丈夫。

調理時間 6分

焼き肉をヘルシーに食べたいならこれ。

アルファルファーの焼き肉サラダ

●材料
- アルファルファー………1パック
- 豚ロース薄切り肉………200g
- 塩、こしょう………各適宜
- 小麦粉………適宜
- ごま油………大さじ1
- A）しょうゆ………大さじ2
-   はちみつ………大さじ2
-   しょうが汁………1かけ分

●作り方
① 豚肉に塩、こしょうで下味をつけたら、小麦粉をまぶす。
② フライパンにごま油を熱し、豚肉を焼く。
③ おいしそうに焼けたら、一気にAをからめ、器に盛ったアルファルファーの上からかける。

☆ここがコツ！
食べるときは、肉でアルファルファーをたっぷり巻いてどうぞ。とってもヘルシーです。

調理時間 2分（そばのゆで時間を含まず）

茎の赤い色が彩りを添える。

そばのスプラウトのごまサラダ

●材料
- そばのスプラウト………1パック
- そば………2わ
- A）めんつゆ………1カップ
-   すりごま………たっぷり
-   ごま油………大さじ1

●作り方
① そばは表示時間どおりゆでて水にとって、締める。
② 食べやすく切ったスプラウトを混ぜて器に盛り、Aを上からかける。

☆ここがコツ！
そばのスプラウトは、ほのかにそばの香りがするので、そばとの相性はばっちりです。

PART 2

心と体とお財布にやさしい万能食材を使った60品！

TOSHIKO OKUZONO

買ってはみたものの、一回使ったきり、おいしい食べ方がわからずに棚の中でそのままになっていがちなのが乾物です。料理に使われていたとしてもほとんどの場合、脇役に徹しているのが乾物です。けれどその乾物一つ一つをじっくり味わってみると、それぞれに深い味わいがあり、生とは違う強烈な存在感があることに気づきます。だからこそ、私は乾物を脇役ではなく、しっかり主役として料理してあげたいと、いつも思うようになりました。

今回紹介したものは、我が家では定番中の定番。いつもいつも食卓に並んでいるものばかりです。だから私としては、決して目新しい料理ではないのですが、これだけ食べ続けていても飽きない料理という意味からいえば、超おすすめの料理ばかりです。

今回もありあわせの材料だけで思い立ったらすぐに作れるものばかりを18品紹介しています。ちょっと乾物でも料理してみるか、と軽い気持ちで挑戦してもらえるとうれしいな。

ヘルシー食材に関しては、今回は前作よりも点数をちょっと増やして26品。これも、わざわざ買い物に行って、他の材料を足さないと作れないのではおっくうになるので、極力少ない材料で、パパッとできる料理ばかりです。

さらに今回は、卵料理を加えてみました。卵ってどこの家庭でもいつも冷蔵庫にあるから、卵だけで作れる料理を知っておくと、あともう一品、というとき、とっても助かりますよね。早くておいしくて、ちょっとしたおつまみにもなるような、そんな料理をたっぷり紹介しています。

果物を使ったデザートは、なるべく手をかけすぎないものを紹介しました。日本の果物って、すごく甘くておいしいので、そのまま食べるのがなんといっても一番おいしい！だからここで紹介したデザートは、果物をたっぷり買いすぎたときや、そのまま食べるのにはちょっとすっぱいかなというときに気楽に作ってもらえたらいいなと思っています。生で食べるのとは、また一味違ったおいしさをきっと発見できるはずです。

切り干し大根

大根を切って干しただけなのに、大根とはまったく違う甘みと旨みがギューッと詰まったもの、これが切り干し。だから使うときは、せっかくの旨みを逃がさないために、浸しすぎない＆絞らないのがコツ。

調理時間 7 分

切り干しの不思議な食感がたまらない。

切り干し大根のピリ辛炒め

●材料
- 切り干し大根……40g
- 豚薄切り肉（細切り）……100g
- しょうゆ……大さじ2
- ごま油……大さじ1
- 豆板醬……小さじ½
- 水……½カップ

●作り方
① 豚肉にしょうゆの半量をもみこむ。
② フライパンにごま油と豆板醬を入れて火にかけ、香りがたったら豚肉を入れて炒める。
③ さっと洗った切り干しを、フライパンの上でキッチンばさみで食べやすい長さに切る。
④ 水を入れてふたをして蒸し焼きにする。切り干しが好みのかたさになったら、残りのしょうゆで味を調えて、できあがり。

☆ここがコツ！
切り干しは、あくまでさっと洗う程度。食べやすい長さに切るのはキッチンばさみがやりやすいです。

調理時間 3 分（炊飯時間を含まず）

大根飯よりずっとうまい。

切り干し大根の炊き込みご飯

●材料
- 切り干し大根……40g
- A）水……½カップ
-   しょうゆ……大さじ3
- 米……2カップ
- 水……2カップ
- 昆布（細切り）……1cm×10cm分
- 油揚げ（細切り）……1枚分

●作り方
① 切り干しはさっと洗って、キッチンばさみで食べやすく切り、Aにつける。
② 米は洗って、水と昆布と①と油揚げを入れて炊く。

☆ここがコツ！
切り干しを入れたらすぐに炊飯を始めないと、切り干しがどんどん米のほうの水分まで吸ってしまうので、要注意。

調理時間 5 分

切り干しのみそ汁がこんなにもうまいなんて！

切り干し大根のみそ汁

●材料
- 切り干し大根……20gくらい
- 水……4カップ
- 昆布（細切り）……1cm×10cm分
- かつお節……適宜
- みそ……大さじ3
- 青ねぎ（小口切り）……少々

●作り方
① 水と昆布を鍋に入れる。
② 切り干しはさっと洗い、鍋の上で食べやすい長さにキッチンばさみで切る。
③ ふたをして火にかけ、切り干しが好みのかたさになったら、手でもんで細かくしたかつお節とみそを入れて火を止める。
④ 器に盛って青ねぎを散らす。

☆ここがコツ！
切り干しは、やわらかくてもちょっと歯ごたえがあるくらいでも、好みでどうぞ。

春雨

縮れている緑豆春雨と、まっすぐのでんぷん春雨。おすすめは緑豆のほう。下ゆでせずにいきなり使え、また、煮込んでも煮溶けません。分封タイプが使いやすいです。2つに切って保存しておくと便利。

調理時間 **7** 分
夜食にぴったり。
春雨のスープ

●材料
- 緑豆春雨………50g
- ごま油………大さじ1
- にんにく（みじん切り）……1かけ分
- しょうが（みじん切り）……1かけ分
- 長ねぎ（小口切り）………1本分
- 鶏ひき肉………100g
- 水………4カップ
- 塩、こしょう、しょうゆ……各適宜

●作り方
① 鍋にごま油を熱し、にんにく、しょうが、ねぎを炒める。
② いい香りがしてきたらひき肉を炒め、水を入れる。
③ 水が沸騰したら、春雨を入れ、塩、こしょう、しょうゆで味を調えたらできあがり。

☆ここがコツ！
緑豆春雨はあらかじめ2つに切っておくと便利ですが、めんどうなときは、スープの中にキッチンばさみを入れ、食べやすく切ったっていいんです。こしょうたっぷりがうまい！

調理時間 **5** 分
一緒にゆでるから早い。
春雨の中華サラダ

●材料
- 緑豆春雨………50g
- にんじん（細切り）………1本分
- きゅうり（細切り）………1本分
- A) しょうゆ………大さじ2
-    酢………大さじ2
-    みりん………大さじ1
-    ごま油………大さじ1
-    溶きがらし………適宜

●作り方
① 春雨はにんじんと一緒の鍋でゆで、あら熱が取れたら、きゅうりと混ぜる。
② 器に盛って、Aのたれをかける。

☆ここがコツ！
たれは食べるときにかけるようにしてください。

調理時間 **8** 分
焼そばソースをかければ焼きそばにもなる!?
春雨の焼きそば風

●材料
- 緑豆春雨………50g
- 豚もも薄切り肉（一口大に切る）………150g
- しょうゆ………大さじ1
- サラダ油………大さじ1
- にんじん（せん切り）………1/2本分
- キャベツ（ざく切り）………1/4個分
- 水………1/2カップ
- 焼きそばソース………大さじ3～4
- かつお節、青のり………好みで

●作り方
① 豚肉にしょうゆをよくもみこむ。
② フライパンにサラダ油を熱し、豚肉を炒め、にんじん、キャベツの順に炒める。
③ さっと水でぬらした春雨を入れて全体を混ぜたら、水を入れ、ふたをして2～3分蒸らす。もしもまだかたかったら、もう少し蒸らすか水を足すかする。
④ 春雨がやわらかくなったら、焼きそばソースをからめる。好みでかつお節と青のりをかける。

☆ここがコツ！
蒸らしたあと、春雨がひとかたまりになっているので、水を少しかけながらほぐしていくとうまくいきます。

ひじき

芽ひじきと長ひじきがありますが、芽ひじきのほうがやわらかく、戻りも早いのでおすすめです。フライパンに入れて、いきなり火にかける方法なら、5分できれいに戻りますから、すぐに料理できますよ。

調理時間 6分

マヨネーズ味が格別!!
ひじきと大根のマヨネーズサラダ

●材料
芽ひじき………4つまみ
水………1カップ
大根(せん切り)………1/4本分
塩………少々
マヨネーズ………大さじ3
すりごま………たっぷり

☆ここがコツ!
長くおくと大根から水が出るので、作ったらすぐに食べてください。

●作り方
①フライパンに水と芽ひじきを入れて火にかけ、沸騰したら火を止めて、そのままおく。
②ひじきがふっくら戻ったら、ふたで押さえながらフライパンを傾けて水をきる。
③大根は塩でもみ、水けを絞る。
④ひじきと大根をマヨネーズであえ、ごまをかける。

調理時間 7分

ツナ缶あればだしいらず。
ひじきとツナの煮物

●材料
芽ひじき………4つまみ
水………1カップ
ツナ………小1缶
しょうゆ………大さじ1
みりん………大さじ1
しょうが(すりおろし)
　………1かけ分

☆ここがコツ!
ツナを入れてからは、さっと加熱するくらいでOKです。

●作り方
①フライパンに水と芽ひじきを入れて火にかけ、沸騰したら火を止めて、そのままおく。
②ひじきがふっくら戻ったら、ふたで押さえながらフライパンを傾けて水をきる。
③②のフライパンに、油をきったツナを入れて再び火にかける。
④しょうゆ、みりんで味を調え、しょうがを混ぜたらできあがり。

調理時間 6分

いきなり入れるから超お手軽なのです。
ひじきがゆ

●材料
芽ひじき………2つまみ
ご飯………茶碗2杯分
水………2カップ
梅干し………1～2個

●作り方
すべての材料を鍋に入れ、とろりと煮えたらできあがり。

☆ここがコツ!
芽ひじきは、乾いたままいきなり入れて大丈夫。たくさん入れすぎると真っ黒になるので、要注意。

麩（ふ）

おつゆか鯉のえさにしかしていないとしたらすごくもったいない。主原料は、グルテンという植物性のたんぱく質。免疫力を高める効果や、脳の発達に欠かせないグルタミン酸もたっぷりです。

調理時間 4 分

もうスナック菓子はいらない。
麩のカレースナック

●材料
- 麩………40g
- バター………大さじ4
- カレー粉………適宜
- 塩………適宜

☆ここがコツ！
少し焼き色がつくまで弱火でじっくりじっくり炒めるのがコツです。

●作り方
①フライパンにバターを熱し、麩を炒める。
②カリッとなるまで炒めたら、カレー粉と塩で味を調えてできあがり。

★バリエーション
青のり、ガーリックパウダー、粉チーズなどもおいしい。

調理時間 8 分

麩ってフランスパンに似ている!?
麩のガーリックトースト風

●材料
- 麩………40g
- オリーブオイル………大さじ4
- にんにく（薄切り）………2かけ分
- 塩、こしょう………各適宜
- 粉チーズ………適宜

☆ここがコツ！
にんにくはオリーブオイルが冷たい間に入れ、弱火でじっくり熱する。色がつきはじめるとあっというまに焦げるので要注意。

●作り方
①フライパンにオリーブオイルとにんにくを入れて、火にかける。
②にんにくがきつね色になったら取り出し、麩を炒める。
③麩がカリッとなったら、塩、こしょうで味を調える。
④粉チーズをかけ、にんにくを散らしてできあがり。

☆ここがコツ！
車麩は、乾いたまま半分に切って牛乳に浸すといくぶん早く戻りますが、戻るのに時間がかかるものもあります。
穴の内側がやわらかく戻ったかどうかが目安です。

調理時間 5 分（麩を戻す時間を含まず）

ベーコンを巻いて焼いたらこのボリューム。
車麩のベーコン焼き

●材料
- 車麩………4個
- 牛乳………1カップ
- 卵………1個
- 小麦粉………大さじ1
- 塩、こしょう………各適宜
- ベーコン………8枚
- サラダ油………適宜

●作り方
①車麩は半分に切って牛乳に浸す。
②やわらかく戻ったら、卵と小麦粉と塩をからめる。
③ベーコンをくるりと巻いて、フライパンにサラダ油を熱し、こんがりと焼く。
④最後に塩、こしょうで味を調えたらできあがり。

麩

調理時間 **10**分

麩とチーズの相性はばっちり。
麩のグラタン

●材料
- 麩………40g
- 牛乳………1/2カップ
- 卵………1個
- 塩、こしょう………各適宜
- ケチャップ………大さじ2
- 粒マスタード………適宜
- 溶けるチーズ………適宜

●作り方
1. 麩に牛乳をかけてしみ込ませる。
2. 卵を混ぜ、塩、こしょうで味をつける。
3. 耐熱容器に入れ、上にケチャップと粒マスタードを混ぜたものを塗り、溶けるチーズをかける。
4. オーブントースターでおいしそうな焼き色がつくまで焼く。

☆ここがコツ！
麩は牛乳をかけてから、少し手でもむようにしながら混ぜると、早く牛乳を吸います。完全に牛乳を吸わせてから、卵をからめてください。

調理時間 **7**分

つるんと口に入るおいしさ。
麩のそぼろ丼

●材料
- 麩………20g
- ごま油………大さじ1
- 鶏ひき肉………100g
- しょうゆ………大さじ2
- はちみつ………大さじ2
- しょうが（すりおろし）………1かけ分
- 水………2カップ
- 水溶き片栗粉………適宜
- ご飯………茶碗2杯分
- 青ねぎ（小口切り）………適宜

●作り方
1. 鍋にごま油を熱して鶏ひき肉を炒める。
2. しょうゆ、はちみつ、しょうがを入れてさらに炒めたら、水と麩を入れる。
3. 麩がやわらかく煮えたら、水溶き片栗粉でとろみをつける。
4. ご飯にかけて青ねぎを散らしてできあがり。

☆ここがコツ！
肉を炒めたあと、水を入れたらすぐに麩を入れてください。
麩は水から煮たほうがやわらかく煮上がります。

調理時間 **6**分

トマトの水分で麩を戻す!?
麩のトマト煮

●材料
- 麩………20g
- バター………大さじ1
- ベーコン（細切り）………2枚分
- トマト………2個
- 塩、こしょう、しょうゆ………各適宜
- 溶けるチーズ………適宜

●作り方
1. 鍋にバターを熱し、ベーコンを炒めてカリッとなったら、トマトをすりおろして入れる。
2. すぐに麩を入れて、水分を吸わせながら煮る。
3. 塩、こしょう、しょうゆで味を調え、最後に溶けるチーズをかけてふたをして、チーズが溶けたらできあがり。

☆ここがコツ！
ベーコンを炒めたら、一度火を止めて、その上でトマトをすりおろすと早いです。トマトがまだ冷たいうちに麩を入れて水分を吸わせます。水分が足りないときは、トマトをもう1個すりおろすか、水少々を足して、再び火にかけます。

わかめ

塩蔵わかめを干したものがカットわかめなので、使うときはしょっぱくなりすぎないように注意。ものによってはカットが大きいことがあるので、あらかじめ手でもんで細かくしておくと使いやすいです。

調理時間 5 分

磯の香りが食卓に漂う。

わかめご飯

● 材料
- カットわかめ………4つまみ
- 水………1/2カップ
- かつお節………適宜
- しょうゆ………適宜
- ご飯………茶碗2杯分

● 作り方
① フライパンに水とカットわかめを入れて火にかける。
② 沸騰したら、そのまま2〜3分待ち、わかめが戻ったら、ふたでおさえながら、水をきる。
③ 再び火にかけ、水けを飛ばしたら、手でもんで細かくしたかつお節としょうゆを混ぜる。
④ ご飯に混ぜこんでできあがり。

☆ここがコツ！
カットわかめは、乾いているときに手でもんで細かくしておくと食べやすい。

調理時間 3 分

わかめがたっぷり食べられます。

わかめのしょうが炒め

● 材料
- カットわかめ………4つまみ
- ごま油………大さじ1
- しょうが（せん切り）………1かけ分
- 水………1/2カップ
- しょうゆ………少々

● 作り方
① フライパンにごま油を熱してしょうがを炒め、いい香りがしてきたら、水とカットわかめを入れる。
② カットわかめが戻ったら、しょうゆで味を調えてできあがり。

☆ここがコツ！
わかめの塩分だけで充分なら、しょうゆは入れなくてもいいです。

調理時間 6 分

豆腐の水分でわかめを戻そう。

わかめ豆腐

● 材料
- カットわかめ………4つまみ
- ごま油………大さじ1
- 長ねぎ（みじん切り）………1本分
- 木綿豆腐………1丁
- 水溶き片栗粉………適宜
- A）しょうゆ………大さじ2
-   酢………大さじ2
-   みりん………大さじ1
-   ごま油………小さじ1

● 作り方
① フライパンにごま油を熱してねぎを炒め、いい香りがしてきたら、豆腐を入れて、くずしながら炒める。
② カットわかめを入れたらふたをして蒸し焼きにする。
③ わかめが戻っても、まだ水がたくさん出ているようなら水溶き片栗粉でとろみをつける。
④ 食べる直前に好みの量だけAをかける。

☆ここがコツ！
豆腐の水分でわかめを戻すので、豆腐は水きり不要です。

きのこ

スーパーに出回っているきのこの多くは、菌床栽培。とってもクリーンな環境で育てられているので、洗う必要はありません。もしも汚れが気になるときは、ぬれたキッチンペーパーで拭く程度に。

調理時間 6 分（焼き時間を含まず）

おせち料理にもいい。
しいたけの明太子焼き

●材料
- しいたけ………10個
- 辛子明太子………1腹
- マヨネーズ………大さじ3

☆ここがコツ！
辛子明太子が手に入りにくいときは、普通のたらこでもOK。
明太子の身をほぐすときはラップの上でやるとうまくいきます。

●作り方
① 明太子をほぐし、マヨネーズとあえておく。
② しいたけは軸を取り、かさの内側に明太マヨネーズを塗る。
③ オーブントースターでこんがりと焼けばできあがり。

調理時間 5 分

子どもも大好き。
しいたけのピザ

●材料
- しいたけ………8個
- オリーブオイル………大さじ1
- マヨネーズ………適宜
- 溶けるチーズ………適宜

☆ここがコツ！
溶けるチーズを入れたら、じっくり弱火で、チーズがカリッとなるまで焼きます。

●作り方
① しいたけは軸を取り、食べやすい大きさに切る。
② フライパンにオリーブオイルを熱して、しいたけをさっと炒める。
③ マヨネーズを入れて、さっと混ぜたら、溶けるチーズをかけてふたをする。
④ チーズが溶けて、端のほうがパリパリしてきたらできあがり。

★バリエーション
冷や奴にかけたり、そうめんにかけたり。湯豆腐のつけだれにしてもおいしい。

調理時間 3 分

たっぷりのきのこもぺろり。
万能きのこあん

●材料
- しいたけ（細切り）………1パック分
- えのきだけ………1袋
- しめじ………1パック
- A) しょうゆ………大さじ2
-    みりん………大さじ2
- かつお節………適宜
- 水溶き片栗粉………適宜

●作り方
① しいたけ、食べやすく切ったえのきだけとしめじ、Aをフライパンに入れ、ふたをして煮る。
② 手でもんで細かくしておいたかつお節を混ぜる。
③ 水溶き片栗粉を混ぜてできあがり。

☆ここがコツ！
水を加えず、きのこの水分だけで煮ます。
ぴったり閉まるふたをして、必ず弱火でじっくり加熱してください。

調理時間 1 分（焼き時間を含まず）

あっというまにできる居酒屋メニュー。

えのきポン酢

●材料
- えのきだけ………2袋
- ポン酢じょうゆ………適宜

☆ここがコツ！
アルミホイルに包む前に、えのきだけを切っておくと、食べやすいです。

●作り方
1. えのきだけは食べやすく切ってアルミホイルに包み、オーブントースターで焼く。
2. しんなりしたらポン酢じょうゆをかけてできあがり。

調理時間 3 分

ピンク色がかわいい。

えのきの明太子炒め

●材料
- えのきだけ………2袋
- バター………大さじ1
- 辛子明太子………1腹
- レモン汁………好みで

☆ここがコツ！
明太子を加えてからは、火を止めて余熱だけで充分。

●作り方
1. えのきだけは食べやすく切って、フライパンに熱したバターで炒める。
2. しんなりしたら、身をほぐした辛子明太子を混ぜる。
3. 好みでレモン汁をかける。

調理時間 5 分

なめこといえば……。

なめこと豆腐の赤だし

●材料
- なめこ………1袋
- 水………3カップ
- 昆布（細切り）………1cm×10cm分
- 赤みそ（豆みそ）………大さじ4〜5
- 絹ごし豆腐………1/3丁
- かつお節………ひとつかみ

☆ここがコツ！
袋に入っているのはゆでなめこ。新鮮なものなら、洗わず入れても大丈夫。生なめこなら、もちろんそのままどうぞ。

●作り方
1. 水と昆布を鍋に入れて火にかける。
2. なめこはさっと水で洗ってぬめりを取り、①が煮立ったら入れる。
3. みそを溶き入れ、さいの目に切った豆腐を入れる。
4. 手でもんで細かくしたかつお節を入れて火を止める。

調理時間 5 分（そばのゆで時間を含まず）

ネバネバつるつるの幸せ。

なめこおろしそば

●材料
- なめこ………2袋
- 大根おろし………適宜
- そば………2わ
- めんつゆ………2カップ

●作り方
1. なめこはさっとゆでて水けをきり、大根おろしと混ぜる。
2. ゆでたそばの上にのせて、温めためんつゆをかける。

☆ここがコツ！
冷たいそばもいいですが、あったかい汁そばもおいしい。

きのこ

調理時間 **3** 分
シンプルなのに超うまい。
まいたけのベーコン焼き

●材料
まいたけ………1パック
ベーコン………4枚
バター………大さじ1
しょうゆ………好みで

●作り方
①食べやすい大きさに切ったまいたけにベーコンを巻いて楊枝で止める。
②フライパンにバターを熱して、こんがり焼いたら、好みでしょうゆをかけてできあがり。

☆ここがコツ！
ベーコンはちょっと焼き色がつくくらいまで焼くとおいしい。

調理時間 **3** 分（スパゲティのゆで時間を含まず）
みんな大好き。
きのこスパゲティ

●材料
しいたけ、しめじ………各適宜
スパゲティ………150g
バター………大さじ2
にんにく（みじん切り）
　………1かけ分
たかのつめ（輪切り）………1本分
ゆで汁………少々
塩、こしょう………各適宜

●作り方
①鍋に湯を沸かし、塩（分量外）を入れてスパゲティをゆでる。
②フライパンにバターとにんにく、たかのつめを入れて炒め、いい香りがしてきたら、食べやすく切ったきのこを入れてふたをする。
③ゆであがったスパゲティ、ゆで汁を混ぜて、塩、こしょうで味を調えたらできあがり。

☆ここがコツ！
スパゲティを混ぜるとき、少しゆで汁を入れるとうまくからまります。

調理時間 **5** 分
においまつたけ、味しめじ。
しめじのリゾット

●材料
しめじ………1パック
バター………大さじ1
玉ねぎ（薄切り）………½個分
ベーコン（細切り）………2枚分
牛乳………2カップ
ご飯………茶碗2杯分
粉チーズ………好みで

●作り方
①鍋にバターを熱して、玉ねぎとベーコンを炒めたら、牛乳とご飯も入れて、とろりとなるまで煮る。
②食べやすく切ったしめじを入れる。器に盛り、最後に好みで粉チーズをふってできあがり。

☆ここがコツ！
しめじを入れてからは、あまり煮すぎないほうがおいしいです。

調理時間 3分

オイル少なめで超ヘルシー。
きのこのマリネ

●材料
- しめじ、えのきだけ、しいたけなど ……… 合わせて2〜3パック
- オリーブオイル ……… 大さじ1
- にんにく(みじん切り) ……… 1かけ分
- 塩、こしょう ……… 各適宜
- レモン ……… 1/2個

●作り方
① フライパンにオリーブオイルとにんにくを入れて火にかけ、いい香りがしてきたら、食べやすく切ったきのこ類を入れてふたをして蒸し焼きにする。
② 塩、こしょうで味を調え、レモンを絞ってできあがり。

☆ここがコツ！
従来のマリネはオリーブオイルたっぷりに作っていましたが、ふたをして蒸し焼きにすれば大さじ1程度のオイルでも充分に火が通ります。これならたっぷり食べられます。

調理時間 5分

重ねて蒸すだけ。
きのこと豚肉の梅蒸し

●材料
- しめじ、えのきだけなど …… 各適宜
- ごま油 ……… 大さじ1
- 豚ロース薄切り肉(一口大に切る) ……… 200g
- A) みそ ……… 大さじ1
- はちみつ ……… 大さじ1
- 梅干し(梅肉をたたく) ……… 1個分

●作り方
① 豚肉はAの下味をつける。
② きのこは食べやすく小房に分ける。
③ フライパンにごま油を熱して、豚肉を炒めたら、その上にきのこを散らして、ふたをする。
④ きのこがしんなりしたら、全体を混ぜてできあがり。

☆ここがコツ！
必ず豚肉に下味をつけること。
焦げやすいので火加減は中火からやや弱火にする。

調理時間 5分

たっぷり食べても低カロリー。
きのこ汁

●材料
- えのきだけ、しめじ、しいたけなど ……… 各適宜
- 水 ……… 3カップ
- 昆布(細切り) ……… 1cm×10cm分
- 豚もも薄切り肉(細切り) ……… 100g
- 塩、こしょう、しょうゆ ……… 各適宜
- ゆずこしょう ……… 好みで

●作り方
① 水と昆布を鍋に入れて火にかける。
② 煮立ったら、豚肉を入れ、食べやすく切ったきのこを入れる。
③ 塩、こしょう、しょうゆで味を調え、好みでゆずこしょう(なければ七味唐辛子でも)を入れる。

☆ここがコツ！
少しピリッとさせたほうがおいしいです。ご飯を入れておじやにしても。

調理時間 3分

バターとしょうゆの香り……たまりません。
エリンギのおかかバターソテー

●材料
- エリンギ ……… 1個
- バター ……… 大さじ1
- しょうゆ ……… 適宜
- かつお節 ……… 適宜

●作り方
① エリンギは食べやすく手で裂く。
② フライパンにバターを熱して、エリンギを炒めたら、しょうゆとかつお節をかければできあがり。

☆ここがコツ！
エリンギは、包丁で切らず、手で大きく裂くほうがおいしいです。

こんにゃく

生いもをたっぷり使った手作り風のこんにゃくはやっぱりおいしいですね。普通、一度下ゆでしてから使いますが、最近は下ゆで不要のものも売られているので、忙しいときは便利です。

調理時間 6分

お弁当のおかずにもぴったり。
糸こんにゃくと豚肉の炒め物

●材料
- 糸こんにゃく………1袋
- 豚もも薄切り肉（細切り）………100g
- A）しょうゆ………大さじ1
- 　　はちみつ………大さじ1
- ごま油………大さじ1
- にんにく（すりおろし）……1かけ分
- しょうゆ………適宜
- はちみつ………適宜

●作り方
①豚肉はAで下味をつけておく。
②フライパンにごま油を熱し、食べやすく切った糸こんにゃくを入れて、じっくり炒める。
③ちりちりになったらにんにくと豚肉を入れて、全体にからめる。
④最後にしょうゆとはちみつで味を調えたらできあがり。

☆ここがコツ！
糸こんにゃくは、ちりちりするくらい気長に炒めるのがコツ。

調理時間 5分

糸こんにゃくの概念が変わりますよ！
糸こんにゃくのみそ炒め

●材料
- 糸こんにゃく………1袋
- ごま油………大さじ1
- A）コチュジャン………大さじ1
- 　　みそ………大さじ1
- 　　はちみつ………少々
- 　　酢………少々
- すりごま………たっぷり

●作り方
①フライパンにごま油を熱し、食べやすく切った糸こんにゃくを入れて、じっくり炒める。
②ちりちりになったら、Aを混ぜ、ごまをふってできあがり。

☆ここがコツ！
ちりちりになるまでじっくり炒めるのがコツ。
みそを入れてからはちょっと焦がす感じで炒めると香りがアップ。

調理時間 5分

お弁当のおかずにどうぞ。
糸こんにゃくと明太子のいり煮

●材料
- 糸こんにゃく………1袋
- ごま油………大さじ1
- 辛子明太子………1腹
- しょうゆ………好みで

●作り方
①鍋にごま油を熱し、食べやすく切った糸こんにゃくをちりちりに炒める。
②身をほぐした明太子を入れて混ぜ、味をみてしょうゆを足してできあがり。

☆ここがコツ！
白い糸こんにゃくで作るほうがきれいに仕上がります。

調理時間 **10** 分

こんにゃくなのに、豚肉を食べたような気分。

こんにゃくの豚肉巻き焼き

●材料
板こんにゃく………1枚
豚薄切り肉………200g
塩、こしょう………各適宜
小麦粉………適宜
ごま油………大さじ1
しょうゆ………大さじ2
みりん………大さじ2
しょうが(すりおろし)……1かけ分

●作り方
①豚肉に塩、こしょうで下味をつけたら、小麦粉をまぶす。
②食べやすく切ったこんにゃくを豚肉で巻く。
③フライパンにごま油を熱して、②をころがしながらこんがり焼く。
④しょうゆ、みりん、しょうがを入れて、全体にからめたらできあがり。

☆ここがコツ!
黒いこんにゃくを使うと、見た目も豚肉っぽくなる。食べごたえ充分。

調理時間 **15** 分

こんにゃくがすじになる?!

こんにゃくのすじ焼き風

●材料
板こんにゃく………1枚
ごま油………大さじ1
A) しょうゆ………大さじ1
　　はちみつ………大さじ1
ちくわ(薄い輪切り)
　………2〜3本分
長ねぎ(小口切り)………たっぷり
B) 小麦粉………1カップ
　　卵………1個
　　水………150cc
　　塩、こしょう、かつお節
　　………各適宜
サラダ油………適宜
しょうゆまたはソース………好みで

●作り方
①こんにゃくは細く切って、ごま油を熱したフライパンでちりちりになるまで炒めたら、Aで味をつける。
②Bを混ぜたところに①とちくわ、ねぎを混ぜる。
③フライパンにサラダ油を熱し、②を食べやすい大きさに流し入れ、両面をこんがり焼く。
④好みでしょうゆかソースをかける。

☆ここがコツ!
こんにゃくはたっぷり入れたほうがおいしい。

調理時間 **5** 分 (炊飯時間を含まず)

定番の混ぜご飯も簡単にできます。

関西風かやくご飯

●材料
板こんにゃく(細切り)……小1枚分
米………2カップ
水………2カップ
にんじん(細切り)………1/2本分
油揚げ(細切り)………1枚分
かつお節………適宜
しょうゆ………大さじ2

●作り方
①こんにゃく、にんじん、油揚げは、米とともに分量の水で炊く。
②手でもんで細かくしたかつお節にしょうゆをまぶしておき、ご飯が炊き上がったら混ぜてできあがり。

☆ここがコツ!
具はすべて細かく切るほうがおいしいです。

卵

卵はとがったほうを下にして、冷蔵庫に入れるのが正しい保存法。割ったときに黄身がふっくら盛り上がっているものが新鮮。S、M、Lの大きさの違いは、主に白身の量の違いです。

調理時間 **6**分（つけ時間を含まず）

ラーメン屋さんのあれがこんなに簡単にできる！
しょうゆ卵

● 材料
卵………2個
しょうゆ………大さじ2

● 作り方
①半熟卵を作り、殻をむく。
②ビニール袋に①としょうゆを入れ、空気を抜いて口をしばる。
③全体がしょうゆ色になったらできあがり。

☆ここがコツ！
鍋に水と卵を入れて火にかけ、沸騰したら火を止める。5分で半熟になる。

★バリエーション
ラーメンにのせたり、おかゆに入れても。

調理時間 **7**分（焼き時間を含まず）

子どもも大人も喜ぶおかず。
ゆで卵のチーズ焼き

● 材料
卵………2個
マヨネーズ………適宜
溶けるチーズ………適宜

● 作り方
①半熟卵を作り、殻をむく。
②半分に切り、耐熱容器に並べ、上にマヨネーズと溶けるチーズをかける。
③オーブントースターでこんがり焼いてできあがり。

☆ここがコツ！
鍋に卵と水を入れて火にかけ、沸騰したら火を止めて5分。これで半熟卵ができます。あとは時間を調節して好みのかたさにしてください。

調理時間 **5**分（ゆで時間を含まず）

朝ごはんにピッタリ。
卵のオープンサンド

● 材料
卵………2個
ツナ………小1缶
塩、こしょう………各適宜
食パン………2枚

● 作り方
①かたゆで卵を作り、殻をむく。
②フォークでつぶして、軽く油をきったツナと混ぜ、塩、こしょうで味を調える。
③焼いた食パンの上にのせる。

☆ここがコツ！
卵はかたゆでにしてから殻をむき、白身と黄身をわけて、べつべつにつぶしたほうがやりやすい。

調理時間 3 分

ありそうでなかった甘辛味の目玉焼き。
卵焼きの甘辛味

●材料
卵………2個
ごま油………大さじ1
しょうゆ………大さじ1
みりん………大さじ1

●作り方
①フライパンにごま油を熱して、卵を割り入れ、目玉焼きをつくる。
②目玉焼きをひっくり返して、両面を焼く。
③しょうゆとみりんをからめてできあがり。

☆ここがコツ！
このままご飯にのせて食べてもうまい！

調理時間 5 分

残ったみそ汁でもOK。
落とし卵のみそ汁

●材料
卵………2個
水………2カップ
昆布（細切り）
　………1cm×10cm分
みそ………大さじ2
かつお節………適宜
青ねぎ（小口切り）………あれば

●作り方
①鍋に水と昆布を入れて火にかけ、沸騰したら、卵を割り入れて火を止め、ふたをする。
②卵が固まったら、みそを溶きいれ、手でもんで細かくしたかつお節を入れ、あれば青ねぎを散らしてできあがり。

☆ここがコツ！
沸騰しているところに卵を入れたら、あとは火を止めても余熱で固まるので大丈夫。
固まり加減は好みで。

調理時間 4 分

ちょっとリッチな卵かけ。
明太卵かけご飯

●材料
卵………2個
辛子明太子………1腹
ご飯………茶碗2杯分

●作り方
①明太子は身をほぐして、卵と混ぜておく。
②熱々のご飯の上にかける。

☆ここがコツ！
明太子の身をほぐすときは、まな板の上にラップを敷いて、その上でやるとやりやすいです。
しょうゆと刻みのりをかけてもおいしい。

豆腐

つるんとした食感の絹ごしと、素朴な風味としっかりした食感の木綿豆腐。料理によって使い分けられるようになれば、料理の腕もワンランクアップ。保存は完全に水に浸っている状態で冷蔵庫に。

調理時間 1 分
イタリアンでボーノボーノ!!
豆腐のオリーブオイルかけ

●材料
絹ごし豆腐………1丁
オリーブオイル………適宜
塩………適宜

●作り方
①豆腐は半分に切り、キッチンペーパーで表面の水分を拭いておく。
②①の豆腐にオリーブオイルと塩をふる。

☆ここがコツ!
絹でも木綿でもどちらでもお好みですが、絹のほうがおすすめ。
塩もオリーブオイルも、いいものを使えばさらにおいしい。

調理時間 2 分
和風豆腐ステーキだいっ!!
焼き豆腐

●材料
木綿豆腐………1丁
ごま油………大さじ1
しょうが(すりおろし)………適宜
かつお節………適宜
しょうゆ………適宜

●作り方
①豆腐は食べやすく切って軽く水けをきっておく。
②フライパンにごま油を熱し、豆腐を両面こんがり焼いたら、しょうがとかつお節をのせてしょうゆをかける。

☆ここがコツ!
かための木綿豆腐がおすすめ。
水きりは豆腐の表面の水分をキッチンペーパーで拭く程度でOK。
ゆっくり焼き色をつけてからひっくり返すこと。

調理時間 3 分
ヘルシー感満点のおかずサラダ。
豆腐サラダのごまドレッシング

●材料
豆腐………1丁
練りごま………大さじ2
酢………大さじ2
はちみつ………大さじ1
しょうゆ………大さじ2
すりごま………大さじ1
サラダ菜………適宜
プチトマト(輪切り)………適宜

●作り方
①練りごまに酢とはちみつを加えてよく混ぜたところにしょうゆを混ぜ、すりごまを入れて、ドレッシングを作る。
②豆腐は食べやすい大きさに切り、サラダ菜、プチトマトとともに彩りよく盛る。

☆ここがコツ!
豆腐は木綿でも絹でもどちらでも。
豆腐はキッチンペーパーで表面の水分を拭く程度でOK。
ドレッシングは食べる直前にたっぷりと。

調理時間 ❷ 分

つるんとカリカリ。ミスマッチのおいしさ。
カリカリじゃこかけ冷や奴

●材料
豆腐（木綿でも絹でも）………1丁
ごま油………大さじ1
ちりめんじゃこ………30gくらい
青ねぎ（小口切り）………適宜
ポン酢………適宜

●作り方
①フライパンにごま油を熱し、ちりめんじゃこを炒め揚げにする。
②カリカリになったら、半分に切った豆腐にかけ、青ねぎ、ポン酢をかけてできあがり。

☆ここがコツ！
ちりめんじゃこは、カリカリになるまで、中火からやや弱火でじっくり炒め揚げにしてください。
豆腐はキッチンペーパーで表面の水分を拭く程度でOK。

調理時間 ❺ 分

豆腐を炒めるときの音がネーミングの由来です。
雷豆腐

●材料
木綿豆腐………1丁
ごま油………大さじ1
揚げ玉………適宜
しょうゆ………適宜
かつお節………適宜

☆ここがコツ！
ぜひ木綿豆腐で。
フライパンをしっかり熱したところに、水きりをしないで、水がしたたるくらいの豆腐を入れて炒め始めるのがコツ。
水分が飛んでぼろぼろになってから油を入れることで、豆腐が香ばしい焼き揚げ状態になります。

●作り方
①フライパンを熱し、油も何もひかないで豆腐をくずしながら入れて炒める。
②豆腐から水が出てくるが、やがて水がなくなってぼろぼろしてくるまで炒める。
③そぼろ状態になったら、ごま油と揚げ玉を加え、さらに香ばしい香りがしてきたら、しょうゆを回し入れて、少し焦がす感じで炒める。
④手でもんで細かくしたかつお節をまぶして火を止める。好みでさらにしょうゆをかけてできあがり。

調理時間 ❸ 分

シンプルだけど、なぜかおいしい。
豆腐のドライカレー

●材料
木綿豆腐………1丁
バター………大さじ1
合いびき肉………100g
カレー粉………適宜
しょうゆ………適宜
青ねぎ（小口切り）………適宜
ご飯………茶碗2杯分

●作り方
①フライパンにバターを熱して、ひき肉を炒めたら、豆腐も入れて、くずしながら炒める。
②水けがなくなるまで炒まったら、カレー粉としょうゆで味を調える。
③青ねぎを散らしてご飯に添える。

☆ここがコツ！
豆腐は水分の少ない木綿豆腐で。
水きりは豆腐の表面の水分をキッチンペーパーで拭く程度でOK。
ご飯にかけるもよし、パンにはさむもよし。
溶き卵を回し入れて、オムレツの具にするもよしです。

いちご

甘くてきれいないちごは、そのまま食べるのが一番!! 手を加えるならちょっと形の悪いのや、小粒ですっぱいので充分。甘みを加えるので、逆にすっぱいいちごのほうがおいしくできるのです。

調理時間 **30**分

大福もいいけど、どら焼きもネ。
いちごどら焼き

● 材料
- いちご(半分に切る)………適宜
- A)小麦粉………2カップ
-   ベーキングパウダー………小さじ2
-   砂糖………大さじ1
- 卵………1個
- 牛乳………1カップ
- 生クリーム………1カップ
- 砂糖………大さじ1
- あん………適宜

● 作り方
① ボウルにAを入れて混ぜ、卵と牛乳を入れたら、泡立て器で混ぜる。
② ホットプレートに食べやすい大きさに①を流して、両面をこんがりと焼く。
③ 焼けたらすぐにビニール袋に入れて冷ます。
④ 生クリームは砂糖を加えて泡立てておく。
⑤ 同じような形と大きさのパンケーキを組み合わせてペアにする。
⑥ 間にあんといちごと④の生クリームをはさんでできあがり。

☆ここがコツ！
どら焼きの皮は、焼けたら温かいうちにビニール袋に入れる。蒸気がこもるくらいで口をしばっておくと、冷めてもしっとり。

調理時間 **10**分（冷やし固める時間を含まず）

つぶして混ぜるだけで、ケーキ屋さんに負けない味。
いちごヨーグルトババロア

● 材料
- いちご………1カップ
- A)粉ゼラチン………大さじ1
-   水………大さじ3
- プレーンヨーグルト………500g
- 生クリーム………1カップ
- 砂糖………大さじ5〜7
- いちご(飾り用)………適宜

● 作り方
① 水に粉ゼラチンをふり入れてふやかしておく。
② いちごはフォークでざっとつぶす。
③ ヨーグルトと生クリーム、②のいちご、砂糖を混ぜる。
④ ①のゼラチンを湯せんして溶かし、③に混ぜる。
⑤ 型に流し、冷蔵庫で冷やし固める。
⑥ 固まったら、上に飾り用のいちごをのせる。

☆ここがコツ！
いちごのつぶし加減はフォークで粗くつぶす程度でOK。

調理時間 **10**分（冷やし固める時間を含まず）

市販のサイダーがシロップがわり。
いちご杏仁豆腐

● 材料
- いちご(半分に切る)………½パック分
- 水………1カップ
- 粉寒天………1袋(4g)
- 砂糖………大さじ5
- 牛乳………1½カップ
- サイダー………適宜
- レモン汁………好みで

● 作り方
① 水と寒天を鍋に入れて火にかけ、寒天が溶けたら砂糖と牛乳を入れて火を止める。
② 型に流し、冷蔵庫で冷やし固め、食べやすく切る。
③ ②の寒天といちごとサイダーを器に入れてできあがり。
④ 好みでレモン汁をかける。

☆ここがコツ！
サイダーは透明のものを選び、食べる直前に注ぎ入れてください。

グレープフルーツ

グレープフルーツは2つに切ってスプーンですくって食べるのもいいですが、袋から身を取り出すのも、みかんと違ってすごく簡単。ぜひ挑戦してみてください。ルビー種も色がきれいです。

調理時間 15分（冷やし固める時間を含まず）

果肉たっぷりでリッチな気分。
グレープフルーツの寒天

●材料
グレープフルーツ………1個
水………2カップ
粉寒天………1袋(4g)
砂糖………70g

●作り方
①グレープフルーツは袋から出して、細かくほぐしておく。
②水と寒天を鍋に入れて火にかけ、寒天が溶けたら砂糖を入れる。
③砂糖が溶けたら、グレープフルーツを入れ、型に流し入れて、冷蔵庫で冷やし固める。
④固まったら、型から出して、食べやすく切ったらできあがり。

☆ここがコツ！
寒天と水を入れ、沸騰させてから砂糖を入れます。寒天を完全に溶かさないと固まりません。

調理時間 10分（つけ時間を含まず）

夏にうれしいビタミンC！
グレープフルーツフラッペ

●材料
グレープフルーツ………1個
はちみつ………100gくらい
氷………適宜

●作り方
①グレープフルーツは袋から出して細かくほぐし、はちみつにつける。
②氷はビニール袋に入れてめん棒でたたいて砕く。
③②を器に入れ、上から①をかけてできあがり。

☆ここがコツ！
かき氷器があれば、細かいかき氷の上にかけてもおいしいのですが、かち割り氷の上からかけるのも、ワイルドでおいしいです。

調理時間 14分（冷やし固める時間を含まず）

市販のフルーツヨーグルトはもう買わない。
グレープフルーツのヨーグルトゼリー

●材料
グレープフルーツ………1個
はちみつ………50g
粉ゼラチン………1袋(5g)
水………大さじ3
プレーンヨーグルト………500g

●作り方
①グレープフルーツは袋から出して細かくほぐし、はちみつにつける。
②粉ゼラチンは水の中にふり入れて5分ほどおき、電子レンジで30秒ほどかけて溶かす。
③ヨーグルト大さじ2～3程度を取り分けて、②のゼラチン液に混ぜ、それをもう一度ヨーグルトに戻して混ぜる。
④グレープフルーツも混ぜる。
⑤冷やし固めてできあがり。

☆ここがコツ！
グレープフルーツをはちみつにつけ込む時間は、つけてすぐでも一晩くらいつけ込んだものでも、どちらでもOKです。

キウイフルーツ

半分に切ってスプーンですくって食べるのが最も簡単な食べ方。最近は、とっても甘い黄色い品種も出回っていますが、お菓子作りには緑色のもので充分。常温保存しておけば、熟れて甘くなります。

調理時間 **1**分

ジャムにする手間いらず。
キウイのいきなりヨーグルト

●材料
キウイフルーツ………適宜
プレーンヨーグルト………適宜
はちみつ………好みで

●作り方
①キウイは皮をむき、プレーンヨーグルトの上ですりおろす。
②好みではちみつを加えてできあがり。

☆ここがコツ！
かたくてすっぱいキウイでもOK。すっぱいのもまたおいしいのです。

調理時間 **10**分（冷やし固める時間を含まず）

キウイ嫌いも思わずにっこり。
キウイの寒天

●材料
キウイフルーツ………2〜3個
水………350cc
粉寒天………1袋（4g）
砂糖………大さじ7

●作り方
①水と寒天を鍋に入れて火にかけ、寒天を煮とかす。
②キウイはすりおろす。
③寒天が溶けたら、キウイと砂糖を加え、型に流して固める。
④食べやすく切ってできあがり。

☆ここがコツ！
キウイはたんぱく質分解酵素があるので、ゼラチンでは固まりません。必ず寒天を使ってください。

みかん

そのまま食べるのも、もちろんおいしいのですが、もしも大量にもらったりしてもてあましたなら、半分にして果汁を絞るのが一番。絞りたてのフレッシュジュースは、オレンジとはひと味違ったおいしさです。

調理時間 **15**分（冷やし固める時間を含まず）

なぜかほっとする味。
みかんゼリー

●材料
みかん………10個くらい
粉ゼラチン………大さじ2
水………大さじ4
はちみつ………大さじ4

●作り方
①みかんは半分に切って、果汁を絞り、500ccにする。
②粉ゼラチンは水の中にふり入れて5分ほどおき、電子レンジに30秒ほどかけて溶かし、はちみつを混ぜる。
③①に②を加えて混ぜる。
④型に流して冷やし固める。

☆ここがコツ！
みかんジュースが500ccに満たないときは水を足し、味をみてはちみつを増やしてください。

調理時間 **10**分

風邪のときにもぴったり。熱々のうちにどうぞ。
みかんくず湯

●材料
みかん………5個
くず粉または片栗粉………小さじ1
はちみつ………好みで
しょうが汁………好みで

●作り方
①みかんは半分に切って、果汁を絞り、200ccにする。
②くず粉か片栗粉を混ぜて火にかける。
③とろみがついたら、はちみつ、しょうが汁などを加えてできあがり。

☆ここがコツ！
くず粉やはちみつは、みかんジュースが冷たい間に充分溶かしておいてください。

すぐに役立つ！こんなときにこんなメニュー

この本にはおまけレシピを含め
271種類のレシピが掲載されています。
ここではいくつかのメニューの組み合わせ例をご紹介します。
ぜひあなたのアイデアで、楽しんでみてくださいね。
（　）内の数字はレシピの掲載ページです。

● 料理を作る時間がないとき
鍋に水と昆布を入れてざくざくと切ったセロリを入れて火にかけ、その間ににんじんをあえ物に、最後に炒め物。これで3品15分で完成です。
セロリのスープ(P35) & チンゲンサイと豚ばら肉の炒め物(P45)
& にんじんのザーサイあえ(P55)

● お財布がピンチ!!
冷蔵庫にある玉ねぎや、買いおきのひき肉、切り干し。そして安いもやしなどを組み合わせれば、お金をかけずに3品できあがります。
玉ねぎカレー丼(P43) & もやしのナムル(P64)
& 切り干し大根のみそ汁(P76)

● お買い物に行けないとき
こういうときは乾物三昧メニューが一番。ひき肉は時間のあるときに買って冷凍。ツナ缶も買いおきしておけば、ほら、家にあるものだけで3品完成！
麩のそぼろ丼(P80) & ひじきとツナの煮物(P78)
& 切り干し大根のみそ汁(P76)

● 野菜嫌いな子どもに
大好きなポテトサラダにはマカロニを加え、長ねぎは小口切りにしてたっぷりお好み焼きに。かぶも手づかみで食べてみると案外食べられたりするもの。
マカロニポテトサラダ(P30) & 長ねぎのお好み焼き風(P49)
& かぶのディップ(P13)

● 作りおきのきく献立
みそ煮もピクルスも、たっぷり作って冷蔵庫で2〜3日は充分大丈夫。ありあわせのものを並べたときは、せめておつゆだけでもちょっと手をかけて。
ごぼうと牛肉のみそ煮(P23) & カリフラワーのカレーピクルス(P14)
& 長いもの八杯汁(P47)

● お弁当にもなる献立
そぼろの入ったにんじんご飯なら、冷めてもおいしいし、彩りにブロッコリーと作りおいたしょうゆ卵を入れると、豪華で栄養バランスのいいお弁当に。
にんじんご飯(P55) & ブロッコリーのごまあえ(P58)
& しょうゆ卵(P88)

● 低カロリーのダイエットメニュー
ダイエットといえども、ボリュームと満足感は大事。こんにゃくでお肉を増量した豚肉巻きなら、食べごたえ充分。さらにおかゆにしてご飯もたっぷり食べましょう。口直しにきゅうりをぽりぽり。噛むことで精神的に満たされます。
こんにゃくの豚肉巻き焼き(P87) & ひじきがゆ(P78)
& きゅうりのからし漬け(P19)

● 歯にいい献立
生の大根、炒めたスナップえんどう、煮込んだ芽キャベツ。それぞれ違った歯ごたえの野菜を組み合わせた、こんな献立はいかが？
大根と油揚げのパリパリサラダ(P38)
& スナップえんどうと豚肉の炒め物(P33)
& 芽キャベツのカレースープ煮(P63)

● 春のメニュー
たけのこに菜の花、みつば。春の香りいっぱいの献立です。
たけのこと鶏肉だんごの甘辛煮(P40) & 菜の花のからしあえ(P52)
& みつばのおすまし(P61)

● 夏のメニュー
夏はなんといっても焼き肉にビール。けれど、野菜をたっぷり組み合わせたこんな献立なら、焼き肉だって超ヘルシーでしょ？
アルファルファーの焼き肉サラダ(P74) & ししとうの塩焼き(P28)
& 豆腐サラダのごまドレッシング(P90)

● 食欲がないとき
さっぱり系のおかずの組み合わせ。酢を使ったおかずは食欲回復に役立つし、なんといっても疲れた体がシャキッとします。
みょうがとじゃこのご飯(P62) & わかめ豆腐(P81)
& 春雨の中華サラダ(P77)

● 夏休みの子どものお昼ごはん
冷やし中華はたれを別容器に入れ、盛りつけた器ごと冷蔵庫で冷やしておけば、子供一人でもお昼ごはんが食べられます。デザートつきだとうれしいですね。
レタスの冷やし中華(P71)
& グレープフルーツのヨーグルトゼリー(P93)

● 夏バテ気味のとき
夏バテにはうなぎ。でもうな丼はちょっと……というときにはぜひおすしにしてみて。栄養満点のモロヘイヤをプラスすれば、いうことなし。
きゅうりとうなぎのおすし(P19) & モロヘイヤのおひたし(P67)

● 秋のメニュー
さつまいもに小松菜。少し寒くなってくる秋の献立です。長いもとりんごのサラダは口の中をさっぱりさせてくれるので、漬物感覚でたっぷりどうぞ。
さつまいもたっぷりの豚汁(P27) & 小松菜とちくわのからしあえ(P24)
& 長いもとりんごのサラダ(P46)

● 寒い日のあったかメニュー
コトコトやわらかく煮た大根はそれだけでごちそう。あとはおかずいらずの炊き込みご飯とおつゆで、おなかも心もぽかぽかです。
大根と厚揚げの煮物(P39) & ごぼうの炊き込みご飯(P23)
& なめこと豆腐の赤だし(P83)

● ちょっと風邪気味のとき
消化のよいかぶのみぞれがゆなら、少し熱のあるときでも食べられそうですね。食後はみかんくず湯でビタミンCの補給もお忘れなく。
かぶのみぞれがゆ(P12) & みかんくず湯(P94)

奥薗壽子
（おくぞの・としこ）
京都生まれ。
テキトーに作ってもおいしくてヘルシーな
「おくぞの流」レシピを日本中に広め、
いまやお茶の間の主婦・ママさんたちの間では
すっかりおなじみの家庭料理研究家。
合理的＆スピーディーな調理法と
材料を無駄なく有効に使うレシピで大人気。
書籍・雑誌・TV・講演会・料理教室など幅広く、
日本中を飛び回り精力的に活躍の日々。
家庭の食卓をこよなく愛する、1男1女の母。
著書に、本書のシリーズである
『おくぞの流 簡単 激早 たっぷり野菜おかず229』
『おくぞの流 簡単 激早 ぴちぴちお魚おかず202』
『おくぞの流 簡単 激早 しっかりお肉おかず203』
（いずれも講談社）のほか、多数あり。

奥薗壽子のホームページ
http://www.nabekama.jp/

STAFF
企画・構成／佐藤由起（PLANEDO）
ブックデザイン／渡辺貴志（ワタナベデザイン）
スタイリング／大畑純子
撮影／齋藤 浩（講談社写真部）
撮影アシスタント／小野亜紀子
撮影協力／株式会社 土屋商店（吉祥寺）
　　　　　オーガニックショップ メルカド（吉祥寺）
ディレクション／柳沢正広（講談社エディトリアル）

おくぞの流　簡単　激早
ヘルシー野菜おかず271

2004年 4月12日　第1刷発行
2011年12月 6日　第14刷発行

著　者	奥薗壽子
発行者	鈴木 哲
発行所	株式会社 講談社
	〒112-8001
	東京都文京区音羽2-12-21
	販売部 ☎03-5395-3625　業務部 ☎03-5395-3615
編　集	株式会社 講談社エディトリアル
	代表　丸木明博
	〒112-0013
	東京都文京区音羽1-17-18　護国寺SIAビル
	編集部 ☎03-5319-2171
印刷所	株式会社 東京印書館
製本所	株式会社 若林製本工場

定価はカバーに表示してあります。

落丁本・乱丁本はご購入書店名を明記のうえ、
講談社業務部宛にお送りください。
送料小社負担にてお取り替えいたします。
なお、この本についてのお問い合わせは、
講談社エディトリアル宛にお願いいたします。
本書のコピー、スキャン、デジタル化等の無断複製は著作権法上での例外
を除き禁じられています。本書を代行業者等の第三者に依頼してスキャン
やデジタル化することはたとえ個人や家庭内の利用でも著作権法違反です。

ISBN4-06-271579-1　N.D.C.596　95p　26cm
©Toshiko Okuzono 2004 Printed in Japan.

大好評！絶賛発売中

おくぞの流
簡単 激早 たっぷり
野菜おかず229
定価1680円（税込）

おくぞの流
簡単 激早 ぴちぴち
お魚おかず202
定価1470円（税込）

おくぞの流
簡単 激早 しっかり
お肉おかず203
定価1470円（税込）

らっきゅうり

ー材料ー
きゅうり
らっきょ
(つけ汁が大事)

ー作り方ー
1. きゅうりは乱切りにして らっきょと混ぜる (つけ汁ごと)

☆ 本当はらっきょを食べたあとの つけ汁だけでOK！

あとおいキムチ

ー材料ー

きゅうり
食べ残したキムチ　容器ごと

ー作り方ー
1. きゅうりはめんぼうでたたく
2. キムチの容器にきゅうりを入れ ふたをして シャカシャカッ！

☆ 容器に残ったキムチだれで きゅうりがキムチになる！！　㊙得